増補版

駆け出しマネジャーの成長論

7つの挑戦課題を「科学」する

中原 淳

立教大学教授

722

中公新書ラクレ

目次

プロローグ——駆け出しマネジャーの皆さんへ

マネジャーになることの旅

「マネジャーになること」にまつわる、わたしたちの「旅」を、まずは、著者自らの個人的なエピソードから綴りたいと思います。

2014年、僕は39歳になります。

僕たち1975年生まれの世代は、日本経済が高度成長から安定成長に入ったぐらいの時期に幼少期を過ごしました。中学校に通っていた頃、世の中はバブル景気真っ盛りでした。しかし、自分たちがその恩恵を受けることはまったくなく、やがて大人たちと同様に、不況の波に巻き込まれました。

大学を卒業したのは1998年です。僕自身は企業には就職しませんでしたが、同級生の多くは、「氷河期」と呼ばれた就職活動で苦労しました。ロストジェネレーション（失われた世代）――。いつしか僕たちの世代はそんな「くくり」で呼ばれるようになりました。

そんな僕たちの世代を支配する雰囲気を、あえて個人的印象で語らせてもらうならば、「世の中に過剰な期待を抱いていないこと」、そして、「企業や組織というものを冷静に見つめる目」を持っていることではないかと思います。「過剰な期待」を抱かず、冷静に組織を見つめつつ、僕たちは1990年代後半、社会に出ました。

かくして始まった僕たちの初期キャリア（就職後1～3年目）は、最初から、暗中模索でした。バブル崩壊以降、多くの企業が採用抑制を続けたため、ロスジェネのビジネスパーソンの中には、配属部署に若手が自分1人しかいないとか、自分に続く後輩が何年間も入ってこないといった環境で、キャリアをスタートさせた人もいます。企業側の人材開発施策も今よりはプリミティブで、新人や若手を戦略的に、かつ、組織的に育成しようという考え方はまだ十分浸透していませんでした。

そんな中、ロスジェネのビジネスパーソンたちは、なんとかかんとか「初期キャリアの森」を駆け抜けました。向こう見ずに、駆け抜けて、駆け抜け、あの坂を登れば、海が見えると、心に信じて。仕事や生活に追われ、瞬く間に20代、30代を過ごし、気がつけば、僕たちは

「ミドル」と呼ばれるようになっていました。その言葉をはじめて投げかけられたとき、「自分のこと」をさして言われている実感がわかず、違和感をもちました。「ミドルとは自分のことをいうのだ」と気づくのに、それなりの時間がかかりました。

今、厳しい時代を生き抜いたロスジェネのビジネスパーソンたちは、実務担当者からマネジャーへとキャリアを移行させつつあります。「マネジャーになることの旅」の途上にいるのです。

あまりに個人的な執筆動機

僕のかつての同級生たちの中にも、企業でミドルマネジャークラス（課長クラス）に昇進し、管理職の道を歩み始めた人たちがいます。ここ数年、そんな同級生と話す機会が増えました。僕が、組織の中の人材関連の研究をしているのを知ってか知らずか、同級生の中には、時折、研究室を訪ねてきてくれたり、連絡をくれたりする人もいます。

T君もその一人でした。ただ、久しぶりに連絡をくれたときの彼はちょっと元気がない様子でした。どうしたのだろうと思って話を聞くと、T君は「今、ちょっと、会社を休んでてさ……」と切り出しました。

T君は大手メーカーに籍を置き、花形と呼ばれる部署に所属しています。実務担当者時代から優秀で、将来を期待されてマネジャーに昇格しました。が、そこで壁にぶつかりました。過労やストレスが原因で会社に行けなくなってしまったのです。

電話があった日からしばらくして、研究室を訪ねてきてくれたT君と僕は長く語り合いました。T君が打ち明けてくれた話は、昨今のミドルマネジャーが置かれている深刻な状況を如実に物語るものでした。

これまでの成果を認められ「論功行賞」としてマネジャーに昇進したはいいものの、何をやったらよいかについては、誰も何も教えてくれない。着任したその日から、役員・部長などの上位者、隣の部門の年上マネジャーとのタフな交渉が連続し、圧倒される。合間を見つけて部下との面談の時間をつくり、業務評価を行わなくてはならない。職場の部下は、アルバイトから派遣社員、正社員、再雇用の元役職者まで多種多様なメンバーから構成されており、職場の目標を共有しようにも、なかなかうまくいかない。職場を率いるマネジャーとして、実務担当者とはレベルの異なる重圧・プレッシャー、多忙化の中で仕事をこなす毎日。

しかし、そのような働き方は、T君を次第に追い込んでいきました。毎晩のように終電で帰宅しているうちに、肉体的にも精神的にも疲労がたまっていったのです。僕に連絡をくれたのは、ちょうど、そのような折りでした。自らのマネジメントに自信を失っているようにも見えました。

「マネジャーになって、仕事がうまくいかなくなる人は、どのくらいいるんだろう」

T君は僕に尋ねました。

「珍しいことじゃないよ。新任マネジャーの3割ぐらいは、何らかのかたちでプレイヤーからマネジャーへの移行につまずく。マネジャーになって不安や課題を抱える人も多いし、みんなが初めからうまくやれるわけでもないんだよ。程度の差こそあれ、いろんな課題にぶちあたる。みんな、そうなんだよ」

僕は、手持ちの調査データをもとにT君に教えてあげました。

すると、T君は少し安心したような表情になり、「じゃあ、どうすればマネジャーの仕事をうまくやれるようになるんだろう」と問いかけてきました。

「それは、やってみて、失敗して、経験から学ぶしかないよ」と僕は答えました。

「同じようなことを部長にも言われたんだよな……」

T君はポツリと言いました。マネジャーとしての働き方について上司に相談してみたところ、「とにかく経験を積むしかない」とアドバイスされたそうです。

「その言葉を聞いたとき、俺は嘘だと思ったよ。どこかに何か万能の方法があるだろうと思った。でも、そのことを研究している中原が、そう言うんだったら、きっと部長の言ったことは嘘じゃなかったんだな。そうか、どこかに万能の方法があるわけじゃないのか。あたってくだけるしかないか」

T君は、どこか吹っ切れたような面持ちで研究室を出ていきました。「いろいろと失敗はするだろうし、試行錯誤もするだろう。でも、程度の差こそはあれ、みんなそうなんだよ」という僕のアドバイスが彼に響いたのかどうかはわかりませんが、少しは心が穏やかになったかのように僕には見えました。それ以来、彼からは、忘れた頃に連絡があります。今、彼は元気に仕事に向かっているようです。

当時、僕はT君と別れた後、しばらく考え込みました。それは自分の研究活動の限界についてです。

僕が「人材開発／人材育成」をテーマに研究を始めて、もう10年以上が経とうとしています。この間、いくつかの学術書や一般向けの書籍を世に送り出してきました。その中には「マネジャーの仕事やキャリア」について論じたものも含まれます。また、マネジャーやりーダーの発達をテーマにした勉強会やイベントを企画、主宰してきたほか、ブログやツイッターなどを通じた情報発信も続けてきました。自分の研究成果を世の中に伝えるために、僕なりに、できる限りのことはしてきたつもりでした。

しかし、僕の情報発信の射程に限界があったことも事実です。研究者としての僕が日常的に接点を持っているのは、主として企業で人事や人材開発の仕事に携わる方々です。多い年には、年間100人ぐらいのビジネスパーソンに会ってヒアリング調査をさせていただいていますが、それでも現場で働くラインマネジャーやその予備軍の人たちと直接話す機会は限られていますし、その人たちに自分の研究成果をしっかり伝えてきたかというと、心もとないところもあります。

T君との再会は、そのことを僕に思い出させてくれました。僕の言葉や研究は、現場の人々には、まだまだ届いていない。自分と同世代の人たちが、マネジャーへの移行プロセスで悩んだり、苦しんだり、つまずいたりしている。その事実を身近な友人の例を通じて知ったことで、だったら自分には何ができるのか、何をすべきなのかということを考えるようになりました。

研究か、マネジメントか

実務担当者として、ソロプレイヤーとして活躍する時代に区切りをつけ、何かともやもやする過渡期を過ごしつつ、マネジャーに移行（トランジション：Transition）する。[1] 実は、このことは、ここ数年の僕自身のキャリア課題でもあります。

僕は今、東京大学 大学総合教育研究センターの某研究部門の部門長として、10名程度の教職員を束ねる役割を担っています。それまでは一人の研究者としてソロプレイを実践してきた僕も30代後半という年齢に差し掛かり、マネジメントという役割と次第にかかわるようになりつつあるのです。

もちろん、だからといって、自分も企業のマネジャーと同じ立場だと言うつもりは毛頭ありません。大学と企業が異なる組織であることは、重々承知しています。しかし、研究部門の各種のマネジメント業務に携わっていると、企業のミドルマネジャーが置かれている境遇や、その仕事の裏表が、以前よりはよくわかるようになりました。マネジャー予備軍の人たちがマネジャーになることへの不安や戸惑いを口にするのを聞いていると、自分にも思い当たるところがあると、しばしば感じます。

部門長としての仕事を本格的に始めるようになった当初、僕は、若干の「喪失感」や「寂しさ」を覚えました。「自分だけが現場から遠くなっているような感覚」にも囚われました。というのも、大学にいる時間の大半が、会議、打ち合わせ、各種の声掛けで埋まってしまい、研究者としての自分の顔が少しずつ失われているような気になったからです。

周囲を見回すと、僕よりひと回り年下の若手研究者たちは、国内外の学会や研究会に精力的に参加し、日々、新しい情報や知識に触れています。しかし、今の僕には、それをする時間は限られています。年下の研究者たちが、海外の学会や研究会でさまざまな人々と出会い、刺激を受けている様子をツイッターやフェイスブックなどで目の当たりにすると、「自分は取り残されているのではないか」という焦りを感じることもあります。

考えてみれば、この国では、「現場」という言葉はポジティブなイメージで語られます。「あいつは現場に立っている」「あいつは現場をよく知っている」といったセンテンスは心地よい響きをもっています。

反対に、「あいつは現場から遠ざかっている」「あいつは現場を抜けた」といったセンテンスは、どこか寂寥感を帯びています。「事件は会議室で起きているんじゃない。現場で起きているんだ」と叫んだのは、映画『踊る大捜査線』の青島刑事でしたが、その逆、すなわち「事件は会議室で起きているんだ」というセリフは、この国では成立しません。

もちろん、いつもいつも寂寥の感を覚えているわけではなく、ポジティブな感情を持つことも多々あります。独力では成し遂げられない研究を皆の力を合わせて達成できたとき。これまでにはない革新的な事業を始められ、成果を挙げられたときなどは、マネジメント業務をやっていて、本当によかったと思います。そんなときの嬉しさや幸福感は筆舌に尽くしがたいです。僕にとってマネジャーとして生きることは、ネガティブな感情とポジティブな感情が、時折、交互に顔をのぞかせるような状況に近いものがあります。

ところで今から振り返って考えてみますと、先ほどご紹介したT君同様、かくいう僕自身も、マネジメントにかかわるようになって、いくつかの「つまずき」も経験しました。その1つは、「PDCA（Plan, Do, Check, Act）」にまつわることでした。

マネジャーとしての役割が大きくなってきた当初、僕は、マネジメントを研究と同じようにとらえていました。すなわち「社会的に意義のある研究ビジョン」を掲げさえすれば、物事はおのずとよい方向に動くのだ、と勘違いをしていました。

世の中の動きに関して自分は鋭いアンテナを張っているつもりでしたし、よいビジョンを掲げ、世の中に問うていくことに、さほど困難は感じていませんでした。それが研究という舞台で、ソロプレイヤーとして生きていくのであれば。

しかし、マネジメントにおいてはそうはいきませんでした。どんなによいビジョンがあっても、ＰＤＣＡを発揮して、ヒト・モノ・カネを細かく管理していかなければ、部門は動きません。[2]

今から考えればあたりまえのことなのですが、そういう地道な作業を、僕は軽視していました。ビジョンを掲げるだけでは物事は動かない。日々の細かなチェックとモニタリングも、やはり必要なことなのだ。そんなあたりまえのことに、僕自身が気づくためには、マネジメント上の小さな失敗をいくつか積み重ねる必要がありました。そうです、本書をしたためる僕自身も「つまずき」を重ねつつ、今を生きているミドルの一人なのです。

本書の狙い

本書は、実務担当者から新任マネジャーになられた方、すなわち「駆け出しマネジャー」を対象に書かれています。「駆け出しのマネジャーがさまざまな困難をいかに乗り越え、成果を出せるマネジャーになるのか」。本書はこのことを探究しています。

本書のデータとなるのは、僕が細々と続けてきたマネジャー研究の定量的・定性的な知見です。

この3年ほど、僕は、自分たちの世代と自分自身が直面している課題を解き明かしたくて、マネジャーを対象とした質問紙調査やインタビューの調査を重ねてきました。[3] 人文社会科学系の研究者には、「自分自身」と「自分の研究」を切り離して考えることのできるタイプと、それらを重ね合わせながらでしか研究ができないタイプの2種類がいます。僕は典型的な後者のタイプなのでしょう。この研究は僕自身のためでもあるのですから。

本書は「マネジャーになっていくプロセス」と、そのプロセスをいかに乗り越えればよいのかを、解き明かすことを目的とします。

まず第一に僕は、本書で「新任マネジャーが、これから自らが経験することであろうことを正確に予測し、知ること」を支援するため、「マネジャーになるプロセス」を解き明かします。マネジャーになっていくプロセスで起こる事柄を正確に予測し、知ることは、実務担当者がマネジャーになったときに感じるリアリティ・ショックに対して、いわば「ワクチン」のようなものとして機能するでしょう。[4] マネジャーになる前に、「マネジャーのリアルな実態」を知っておけば、右往左往する必要もなくなります。また、しかるべき出来事が起こったら、「みんなにも起こることが、私にも起こったか」と安心することができます。

第二に本書で僕は「マネジャーになっていくプロセス」をいかに生き抜くかに関する知識を読者の皆さんに理解してもらえるよう、関連する人材開発の理論や僕が収集してきた先輩マネジャーの語りをご紹介します。読者の方々には、こうした知識や経験を「戦略」的に日々のマネジメントに取り入れていってほしいと思います。

以下に、本の構成を述べます。

第1章では、まず、実務担当者とマネジャーの違いを論じることでマネジャーとは何か？を考えるところから始めたいと思います。実務担当者とマネジャーが「異なる存在」「異なる役割」である点を理解していくことが、円滑に、かつ、有能なマネジャーになっていく旅の第一歩です。実務担当者とマネジャーでは、まったく異なる仕事の風景が広がっています。よって、マネジャーになっていく人は、そうした2つの世界を移行（トランジション）し、必要なことを学び直す必要があります。1章では、この最も基本的なことを把握しましょう。

続く第2章では、現在の日本企業においては、「マネジャーになること」が、かつてより難しくなっていることを述べます。背景にあるのは、「突然化」「二重化」「多様化」「煩雑化」「若年化」と呼ばれる5つの外部環境の変化です。

いまやマネジャーを取り囲む状況は、かつてほど牧歌的ではありません。現代のマネジャーは、比較的若い時期に、非常に多様化が進んだ職場に、突然任命されて、さまざまな雑事に忙殺されながら、マネジメントしていくことを求められています。その現状をしっかりと知りましょう。理解しましょう。外部環境の正確な理解は、マネジャーへの円滑な移行をさらに促進します。

もしかすると、答えを急ぐ読者の中には、2章の議論に非常にまわりくどい印象を受ける方もいるかもしれません。しかし、先ほども述べましたように、現在、マネジャーになっていく人の周囲に起こっている変化を、正確に把握することは、「円滑にマネジャーになっていく」ためには、必要なことです。素早い変化（Swift socialization）を為すためにも、いったん立ち止まって、現状を見つめましょう。

第3章では、トランジションのまっただ中にある新任マネジャーたちが、いったい、どのようにマネジャーになっていくのか、マネジャーになった、その日には、どのような思いを持つのか、その上で、いかなる挑戦課題にぶちあたるのかを考察しています。

新任マネジャーが実務担当者からの移行において乗り越えなければならない課題は、①部下育成、②目標咀嚼《そしゃく》、③政治交渉、④多様な人材活用、⑤意思決定、⑥マインド維持、⑦プレマネバランス（プレイヤー業務とマネジャー業務のバランス）の7つです。

これらの挑戦課題は程度の差こそあれ、多くのマネジャーが抱えることですので、もし、それに直面したとしても、何もことさら恐れる必要はありません。冷静にそれらを受け止め、現実を見つめ、経験から学んでいけばよいだけです。

第4章では、これらの7つの課題について、どのように対処していけばよいか、具体的に考えていきます。

部下をどのように育成すればよいのか、どのように他部門・上司とつきあえばいいのか？　適切で迅速な意思決定をいかに行っていけばよいのか？　会社の目標を部下にいかに理解させていけばいいのか？　多様な雇用形態、年齢の部下とどのようにつきあっていけばいいのか？　マネジャーとして折れないためにはどうするか？　そして、プレイとマネジメントのバランスをどのようにとっていくかを、最新の経営学習研究と先達マネジャーの語りの中から考えていくことにしましょう。

先ほども述べましたように、「マネジャーになっていくプロセス」を乗り越えるための知識と、先達の経験は、僕たちにとっては「貴重な資源」です。有効活用しない手はありません。こうした知識や経験をもとに「戦略」的に「マネジャーになっていくこと」を地道に実践していくことこそが、最も近道です。

続く第5章では、視点を変え、今度は、会社や経営陣はいかにマネジャーを支援していけばよいのかを考えます。マネジャー育成はいまや喫緊の課題です。現場で孤軍奮闘するマネジャーを放置し、そこで起こっている問題を見て見ぬふりをすることは、人材マネジメント上の多くの問題を生み出します。5章では、主に人事・人材開発の観点から、マネジャーの育成について考えていきます。ここでは人事・経営層に向けてメッセージを発したいと思います。

第6章には、現在、さまざまな組織で働くマネジャーたちの覆面座談会を収録しています。この座談会では、マネジャーたちから、マネジャーになることのリアルが語られますが、その様子からも、マネジャーたちが各社の状況に応じて、さまざまな課題に挑戦し、試行錯誤している様子が見て取れるはずです。マネジャーたちの語りから、ぜひ勇気をもらっていただきたいと思います。

本書全体を流れるトーンは、「マネジャーたるもの、必ず……すべし」とか、「マネジャーであるならば、強くあるべき」といった既存のマネジャー向け実務書に見られるような〝規範論〟とはやや異なります。本書は、皆さんに「マネジャーになるなら……しなさい！」とか「マネジャーなら……すべき」と命令することはありませんし、「上から目線」で見つめることはしません。

なぜなら、僕自身も、実務担当者からマネジャーへの移行のプロセスにいる、「駆け出しマネジャー」のひとりであるからです。むしろ、僕は本書をしたためるにあたり、経験の浅いマネジャーの方と同じ目線で、「共感してもらえること」をめざしたいと思います。マネジャーに関する科学の知、そして、これまで積み重ねてきた現場のマネジャーたちの声を重ね合わせ、読者の皆さんと「マネジャーになることの旅」をいかに乗り越えていくかを考えていきたいと思います。

なお、本書を記述するにあたっては、なるべく専門用語・分析的用語を避けました。それは本書の読者を、新任マネジャーないしは駆け出しマネジャーの方に設定したかったからです。ただし、僕の著作の読者の中には、いわゆる人事・人材開発のプロフェッショナルの方が多数いらっしゃいます。専門用語、詳細なデータ、分析手法などを知りたい専門家の方々のためには、章末に注をつけておきますので、そちらをご参照ください。また本書以上の理論的内容については、僕の他の著書『経営学習論』『職場学習論』（いずれも東京大学出版会）などをご覧ください。

本書を、これからマネジメントという役割とかかわっていく同時代人の方々、そして、自分自身に贈ります。

大丈夫
風に吹かれながら
自分の歌をうたおう
そのまま、時代を歩いていこう

2013年11月28日　二児の父親になった日に

中原　淳

プロローグ 注

1 Bridges, W.（著）、倉光修・小林哲郎（訳）(2014) トランジション：人生の転機を活かすために, パンローリング

2 マギル大学のヘンリー・ミンツバーグは「Good managers lead, good leaders manage.」という名言を残しています。ハーバード・ビジネススクールのジョン・P・コッターのマネジャー論が出て以降、マネジャーの仕事とリーダーの仕事を二分法でとらえる認識が広まっていますが、コッター本人もそれらは相互補完的であると指摘しているように、実際は、厳密にこの2つを分けて考えることはできません。
要するに、リーダーには、ビジョンを示すフェイズと、しっかりと管理するフェイズのどちらもが必要である、ということです。そのことをわかっていながら、僕自身も実践できなかった一人であることを正直に告白します。
Kotter, John P.（著）、金井壽宏・加護野忠男・谷光太郎・宇田川富秋（訳）(2009) ビジネス・リーダー論, ダイヤモンド社

3 本書に引用・紹介している語りは、読み手が一般読者であることを想定し、一部、方言等のわかりにくい部分に修正を加えたり、所属組織がわからないよう、会社独特の専門用語・言い回し等を削除したりしています。

4 これから起こるであろうことを正確に予測し、知ることは、すべてのエントリーマネジメント（新規な世界への参入時に起こるリアリティ・ショック対策）の基本です。
Wanous, J. P. (1992) *Organizational Entry : Recruitment, Selection, Orientation and Socialization of new comers*, Addison-Wesley

増補版に際して

このたび、7年にわたる重版のすえ、「駆け出しマネジャーの成長論」の「増補版」を刊行させていただくことになりました。これまでご支持をおよせいただいた日本全国のリーダー・管理職の皆様に、著者として心より御礼を申し上げます。

増補版を刊行させていただくにあたり、本書をふたたび、読み返しました。新任リーダーや管理職の直面する人事課題・組織課題は、昨今、さらに難しいものになりつつあり、手前味噌ながら、本書で論じている内容が「色褪せたもの」になってはいないと感じています。

しかしながら、この間、わたしたちは「働き方の見直し」や「長時間労働是正」にまつわる新たな課題に直面しました。昨今のリーダー・管理者は、職場のメンバーの働き方を改善しつつ、「誰もが働きやすい職場」をつくっていくことが求められています。またもや「難問」の登場です。

増補版では、この「古くて新しい課題」を考えるきっかけとして、このたび第7章「残業は「集中」「感染」「麻痺」「遺伝」する」と第8章「〈座談会〉「残業を減らせ、成果は上げろ」というジレンマ」を収録することにしました。こちらも併せてお読みいただくことで、新任リーダーや管理職の方々が、成果を力強く生み出すきっかけにしていただければと思っております。

この本を構想していた10年弱くらい前のことを思い出すと、当時は、私自身がリーダー・マネジャーの役割を果たさなければならず、悪戦苦闘していた時期であったと思います。当時、わたしは多くの「つまづき」を経験しながら、その苦い経験を科学的知見に結晶化できないものかと考えていました。「わたし個人の経験」を「わたしのマネジャー経験談義」にとどめておくのではなく、より多くの人々が共有できる科学的知見としてまとめようと思っていました。偉そうに書いていますが、わたしも皆さんと同じなのです。同じようにつまづき、同じように乗り越えようとしてきました。

同時代を駆け抜ける多くの人々に
本書を、再び贈ります

2021年、春を待つ立教大学のキャンパスにて

中原　淳

編集協力／秋山 基
図表作成／第1〜6章 ケー・アイ・プランニング
第7〜8章 志岐デザイン事務所
本文DTP／今井明子

増補版

駆け出しマネジャーの成長論

7つの挑戦課題を「科学」する

第1章　マネジャーとは何か？

新任・駆け出しマネジャーがまず知っておくこと

これからマネジャーになる人、ないしは「駆け出しマネジャー」が、一番最初に直面しなければならないことは、目標管理の方法を知ることでも、ましてコーチングの技術を知ることでもありません。そういう具体的なマネジメント手法や手段の各論は、後から時間をかけて学ぶことができます。何よりもまず最初に直面しなければならないことは、最も根源的なことですが「**マネジャーがどんな存在なのかを知ること**」、そして、「**マネジャーが実務担当者とは異なることを理解すること**」です。拍子抜けに思う方もいらっしゃるかもしれませんが、実は、このことを理解せぬまま、具体的なマネジメント手法を獲得するよう促されたり、紹介されたりする事例が、世の中には多すぎるような気がします。本章では、この最も基本的なことから議論を始めていくことにしたいと思います。

まずは、「そもそもの問い」から議論を始めたいと思います。その問いはきわめてシンプルです。読者の皆さんにお考えいただきたいことは、下記の問いです。

マネジャーとは「何」ですか？

読者の中には面食らった方もいらっしゃるかもしれません。しかし、この基本的な問いに対して、皆さんでしたら、どのようにお考えでしょうか。また、どのような答えを自分なりにお持ちでしょうか。

今、この瞬間も、日本全国では、数十万人ものマネジャーが奮闘しています。しかし、「マネジャーとは何であり、どんな役割を果たしているのか」という問いに対する答えを、明確に語りうる方はそう多くはないはずです。

と言うと、読者の中には、「マネジャーとは課長のことだろう」とか、「マネジャーになるというのは、労働組合を抜けて管理職になることだよ」とか、あるいは「マネジャーの仕事といったら、成果を出すことだよ」などと反論する方がいるかもしれません。しかし、そうした答えは、マネジャーに付随する「肩書き」やマネジャーになってから起こる「出来事」、あるいはマネジャーの「目標」を述べているにすぎません。

「マネジャーとは何か、どんな役割を果たすのか」という問いはかなりの難問なのです。この問い自体が、マネジャーの仕事のややこしさを物語っていると言ってもいいでしょう。

本書では、この問いに対して1つの「クリアな答え」を紹介・採用します。[1]

マネジャーとはひと言で言ってしまえば、図表1に見るように「Getting things done through others」です。「Getting things done」とは日本語にすれば、「物事を成し遂げた状態にすること」です。そして「through others」とは「他者を通じて」実現することを言います。ということとは、「Getting things done through others」つまり「他者を通じて物事を成し遂げること」がマネジャーの本質ということになります。

この定義に従うならば、マネジャーになっていく人は、原則としては「自分ではタスクを追ってはいけない」「自分が動いてはいけない」という意識の転換を求められることになります。これは口にして述べるのは非常に簡単ですが、なかなかに、最初は違和感がともなうものです。なぜなら、組織の中で昇進し、マネジャーになるような人は、当該組織の中で、何らかの事業を担い、パフォーマンスをあげてきた人すなわち「自ら動く人」であった可能性が高いからです。つまりこれまで**「自分のタスクを追ってきた人」「自分が動いてきた人」が、マネジャー候補になって「自ら動かないこと」を求められている**のです。

彼/彼女は、ある事業に関する「エキスパート」でした。しかし、その彼/彼女が、マネジャーになって求められていることとは「エキスパート」として「自分が仕事を為すこと」で

図表1　マネジャーの仕事とは？

「Getting things done」

（物事を成し遂げる）

＋

「through others」

（他者を通じて）

はありません。むしろ**「エキスパート」としての自分のあり方を一部「棄却（捨て去ること）」を通して、「自分以外の人」に「仕事をさせること（任せること）」が求められます。**この意識の転換、役割の転換こそが、マネジャーになることの最初の課題にして、最大の課題であると考えてよいようです。

ところで、僕はここで、マネジャーの本質を「他者を通じて」と述べましたが、ここで「他者」とはいったい誰を指し示すのでしょうか。ここですぐに脳裏に思い浮かぶのは「他者＝部下」でしょうけれど、それで十分でしょうか。つまり、マネジャーとは「部下を使って、物事を成し遂げる人」ということでよいのでしょうか。

実は、この点も、誤解の生まれるもとです。実は、**ここでいう「他者」は、「部下」だけでは不完全なのです。**マネジャーというと、それとセットで脳裏に浮かぶのは「部下」というワードですが、部下は「他者のひとり」であって、すべてではありません。**マネジャーには、部下以外のさまざまな「雑多な存在」——場合によっては、マネジャー自身の上司や、他部門の長、経営者——とつきあい、かつ、彼らを動かしていくことが求められます。**マネジャーの日常は「組織の（さまざまな人々の）狭間を動くこと」に費やされるのです。[2]

企業は、フォーマル、インフォーマルの、各種の小さなグループから成っています。各グループは重なり合い、目的や事業を共有していることもありえます。お互いそりがあわず、反目し合っている場合もあるでしょう。部門間でヒト・モノ・カネなどの資源をシェアしている場合もあるし、それらを環流させている場合もあるでしょう。

そうした重層的で複雑な組織において、いろいろな「他者」の間を動き、グループとグループをつないでいるのがマネジャーにほかなりません。ですので、マネジャーはいつも「狭間」を生き、他の組織とうまく調整をとりながら、仕事をしています。狭間を動き、時には、裏で微妙な采配を取りながら、物事を達成します。それが「through others：他者を通じて」の本質です。

マネジャーとはどんな仕事をしているのか？

さて以上、本書では、マネジャーの仕事の本質を「他者を通じて物事を成し遂げること」に見ました。**マネジメントの本質とは「自分で為すこと」ではなく「他者によって物事が成し遂げられる状態」をつくることです。**そして、この場合の他者には、いわゆる「部下」のみならず、自分の上司や他部門の長など、自分の職場にまつわる、さまざまなステークホルダー（利害関係者）が存在することを示しました。

それでは、次に、さらに問いを進めて「マネジャーとはいったい具体的に何を為しているのか」について考えてみましょう。「他者を通じて物事を成し遂げる」と言っても、彼／彼女は、行動レベルでは、何を為しているのでしょうか。

ここでは、マネジャーの役割を10項目に整理した過去の先行研究を紹介してみることにしてみましょう。[3] マネジャーの具体的な仕事の中身は、実務担当者にはない雑多なものが含まれています。マネジャーは、こうした10の役割を折りに触れて担い、他者を通じて物事を成し遂げています。

(1)対人関係の役割

①挨拶屋

組織を代表して挨拶を行ったり、親睦を深める機会をつくったりする役割です。マネジャーは組織を代表する存在となりますので、儀礼を執り行います。

②ベクトル合わせ屋

組織の中には、多様な人がいます。そして、人を集めただけで「組織」としてまとまった「機能」を果たすことができるのは、きわめて希《まれ》なことです。よって、マネジャーは組織の中の人々のベクトル（方向性）を合わせる行動をとらなくてはなりません。

③連絡屋

既述したように、マネジャーは職場のメンバーの狭間を生きるだけでなく、組織を構成する複数のチームの狭間を生きて、それらをつなぐ役割を持っています。連絡屋は、社内外の人のつながりを円滑にする行動です。

(2)情報関係の役割

④分析屋

社内外の情報ネットワークに流れる各種の情報を収集して、分析する役割です。マネジャーは、いわば「情報」のハブです。必要な情報を収集し、その情報を使って、さまざまな物事を動かしていく必要があります。

⑤伝達屋

社内外の情報ネットワークに流れる情報を、自分の組織に伝達する役割です。伝達はおうおうにして一度ではすみません。繰り返して、かんでふくめるように説明しなければならない局面も多々あります。また、時に部下の意見を吸い上げたり、ガス抜きをする必要もあります。

⑥宣伝屋

外部に対して、自分の職場の情報を流す役割を言います。マネジャーは、いわば自らが「メディア」です。組織を代表して、外交におけるスポークスマン（報道官）のように、管理された情報を伝達します。

(3)意思決定にかかわる役割

⑦変革屋

外部環境の変化に応じて、組織の中でリスクをとって変革を起こしていく役割のことを言います。マネジャーは、粛々と仕事をこなしていくだけでは不足です。外部環境の変化に応じて、職場や事業のあり方を「変革」していくことも、時にマネジャーが執り行わなくてはならないことのひとつです。

⑧障害やりくり屋

組織内に発生するさまざまなコンフリクト（葛藤）や人間関係のトラブルなどの解決に当たる役割です。マネジャーのところには、黒なのか、白なのか、判定が容易につくようなものは持ち込まれません。そういう白黒はっきりした問題については、すでに実務担当者である部下が意思決定を行ってしまうからです。マネジャーのところに持ち込まれるのは、むしろ、あっちが立てばこっちが立たないような、ややこしい問題です。マネジャーに求められるのは、この「障害」を解決することではありません。むしろ、それを「やりくり」することが求められます。

⑨配分屋

組織の目標を達成するために、職場のメンバーに対して、ヒト・モノ・カネなどの資源を「配る」役割を言います。マネジャーは、物事を達成するために、それに資することのできる人に資源を配ります。実務担当者は「資源を配られる」存在でしたが、マネジャーになると、「資源を配る側」にまわります。

⑩決定屋

組織の顔として外部と交渉し、最終的な意志決定を行う役割です。マネジャーは部門の代表として、部門の意思決定を行います。マネジャーの下す決定は、多くの場合、最終決定です。実務担当者の時代は、うまくいかない理由を「上司のせい」にできましたが、マネジャーにはそれができません。

このようにマネジャーの仕事や行動は多岐にわたりますし、その担うべき役割に関しては、さまざまな意見があります。[4] しかし、容易に予想できるのは、マネジャーになったばかりの人がこの10のリストを見たら、やることの多さに頭がくらくらしてしまうかもしれないということです。「自分にはとても無理だ」と自信を失う人もいるかもしれません。

しかし、**ここで僕が10のマネジャーの振る舞いを紹介したのは、これらすべての役割を「記憶」し、実践してもらうためでは「まったく」ありません。むしろ、ここで述べた10の**

役割の詳細など、忘れていただいても結構です。

周りを見回してみてください。

皆さんのこれまでの上司は、このリストにあるような役割をすべて十全に担っていたでしょうか？　また、皆さんの上司は、ここで述べる10の項目を、毎日１００パーセントこなして仕事をしていたでしょうか。答えは「否」であることの方が多いはずです。

ここに書いてあることは「分析してみた結果、こうなればいいなとまとめられたリスト」であり、それを、**新任マネジャーや駆け出しマネジャーの段階で、十全に満たすことはできないことの方がほとんど**です。

むしろ、ここで最も大切なことは、**「マネジャーは実務担当者とは違うのだな」「マネジャーは実務担当者と違う役割を担うことが求められているのだな」と認識していただくことです。そのためにあえて、実務担当者のときは経験をあまりしていないであろう10の役割を見ていただきました。**

こう言うと、ビジネスパーソンの中には、実務担当者の時代も、ここに挙げたようなさまざまな仕事（ここでは屋号）を持って仕事をしていたという方もおられるかもしれませんが、多くはもっと狭い領域で仕事をしていたはずです。

対して、**マネジャーになって、「他者を通じて物事を為し遂げるため」には、「臨機応変にさまざまな屋号」で仕事をする必要があります。**あるときは、「挨拶屋」として振る舞い、あるときは「障害やりくり屋」として毅然とした対応を行う。あるときは「ベクトル合わせ屋」として仕事を行い、あるときは「変革屋」として振る舞う。そういう「臨機応変さ」こそが、マネジャーになった後には、求められていることをご理解いただければ結構です。

実務担当者からの生まれ変わり

さて、僕たちは、ここまでマネジャーとはどのような存在でどのような役割を担うのかについて考えてきました。マネジャーの本質をつきつめていくと、「through others（他者を通じて）」と「Getting things done（物事を成し遂げること）」につきあたり、具体的には、「挨拶屋」から「変革屋」に至るまで、さまざまな役割を担うことが求められること。その仕事の光景は、実務担当者のそれとは異なっていることを見てきました。

それでは、次に問いを進めます。

その次に当然生まれうる問いとしては、マネジャーは、いかにして「マネジャーになるのか?」という問いです。この問いに対して、僕たちはいかに答えうるでしょうか。

すぐに脳裏に想像しうるのは、**実務担当者とマネジャーが異なる役割を果たすのであれば、実務担当者からマネジャーに昇進するプロセスには「変化」がつきまとう**ということです。**結局、マネジャーは、最初から「マネジャー」であるわけではありません。むしろ「マネジャーに至るその前段階のプロセスと、マネジャーになってからの経験からの学習を通じて、徐々に「マネジャー」に必要なことを学び、役割を移行させていくことになります。すなわち、マネジャーは最初から「マネジャー」として会社に存在していたわけではない、ということです。マネジャーは、「マネジャーになる」のです。**

かねてから「マネジャーになる」というプロセスに注目して、精力的に研究を進めているのはハーバード・ビジネススクールのリンダ・ヒルでした。ヒルは、実務担当者から新任マネジャーになったばかりの人にインタビューをし、*Becoming a Manager*（邦訳なし）など一連の著作を世に送り出しています。[5]

彼女の主張をひと言でまとめるなら、**マネジャーになるプロセスとは、「〝仕事のスター〟から〝管理の初心者〟に〝生まれ変わること〟」**です。

新任マネジャーは、上司と部下に挟まれながら、時にミスを犯しつつ、マネジャーに必要な知識やアイデンティティを、経験の中から学んでいくとヒルは言います。そのプロセスはドラスティック（劇的）で、まさに「生まれ変わり」というメタファで語られるにふさわしいものかもしれません。

くどいようですが、マネジャーは、最初から「マネジャーとして生まれた」わけではありません。**マネジャーが、実務担当者からマネジャーに生まれ変わり、その機能を果たせるようになるためには、やはり「学び」と、そのための「移行期間」が、どうしても必要なのです**[6]。そして5章で述べるように、**人事担当者・経営者は、こうした移行期間を、組織として「支援・応援」する必要があります**。これからマネジャーになろうとする人は、この学びと移行期間を大切に過ごすことが求められます。**最初からうまくマネジメントができる人はそう多くはありません。誰もが最初は初心者なのです。**

実際、**マネジャーが経験しなければならない変化（学び）には、2種類のものがあります。1つは、実務担当者時代の未経験分野を新規に学び直すこと、もう1つは実務担当者時代に身につけた知識やスキルをマネジャー用に変更することや、場合によってはそれらを捨て去ることです。**

前者に関しては、部下を育成したり評価したりすることは、多くの場合、マネジャーになってはじめて挑戦することが多いように思います。また先ほどの「挨拶屋」「宣伝屋」に見られるように、部門を代表して行う活動も、マネジャーになってからはじめて行うことである方が多いでしょう。先ほどの分類をあてはめるのであれば、これらは「実務担当者時代の未経験分野を新規に学び直すこと」になります。

一方、「実務担当者」の時代にもある程度はやっていた活動ではあるけれど、マネジャーになってから行うそれと、実務担当者時代のそれには、質的にも量的にも転換が必要な場合もあります。たとえば、「ベクトル合わせ屋」や「障害やりくり屋」としての役割は、小さい規模のチームであれば、また扱う障害もあまり大きなものでないのであれば、実務担当者の時代にすでにチャレンジしていることです。このような人は、場合によって、実務担当者時代に培ったものを、捨て去る必要が出てきます。

移行期間とは何かが終わる時期（終焉）と新しいことが始まる時期（開始）の間に存在する「宙ぶらりん」の期間です[7]。そこでは、過去には通用したけれど今は捨て去らなければならないものがでてきたり、新規のことを学ばなければならない契機が訪れたりします。程度の差はありますが、それは必ず新任のマネジャーを襲うものです[8]。みんなそうなので、恐れる必要はありません。

マネジャーは、この移行期間——何かが終わり、新しい挑戦課題が生まれる時間——を「戦略的」に生き抜く必要があります。図表2ではこのプロセスをスパイラル状の図として表現してみました。

「マネジャーになることの旅」は、「マネジャーになる前」から始まっています。まず真っ先に取り組みたいことは、**「マネジャーになる前に、これから起こる現実を知ること（リアリティ・プレビュー）」**です。「プロローグ」で既述したように、**マネジャーになった後にどのような出来事が起こるか、そして、マネジャーをめぐる外部環境はどのような状況になっているか、を正確に知っておくこと**は、実務担当者からマネジャーへの円滑な移行にとって、ポジティブな影響をもたらします。

第二に取り組むべきことは**「マネジャーになった後」に自分の置かれている現実を知る努力を行い、まずはリアリティを受容すること**です。これを本書では**「リアリティ・アクセプト」**と呼びます。「リアリティ・プレビュー」でわたしたちがどんなに「マネジャーになることの現実」を予測し、頭で理解していたとしても、実際に、マネジャーとして働き出すと、想定外・予想外の出来事がさまざまに起こります。異動して新たな職場を率いることになっ

図表2　マネジャーになるための移行期間
（マネジャーへのラーニング・スパイラル）

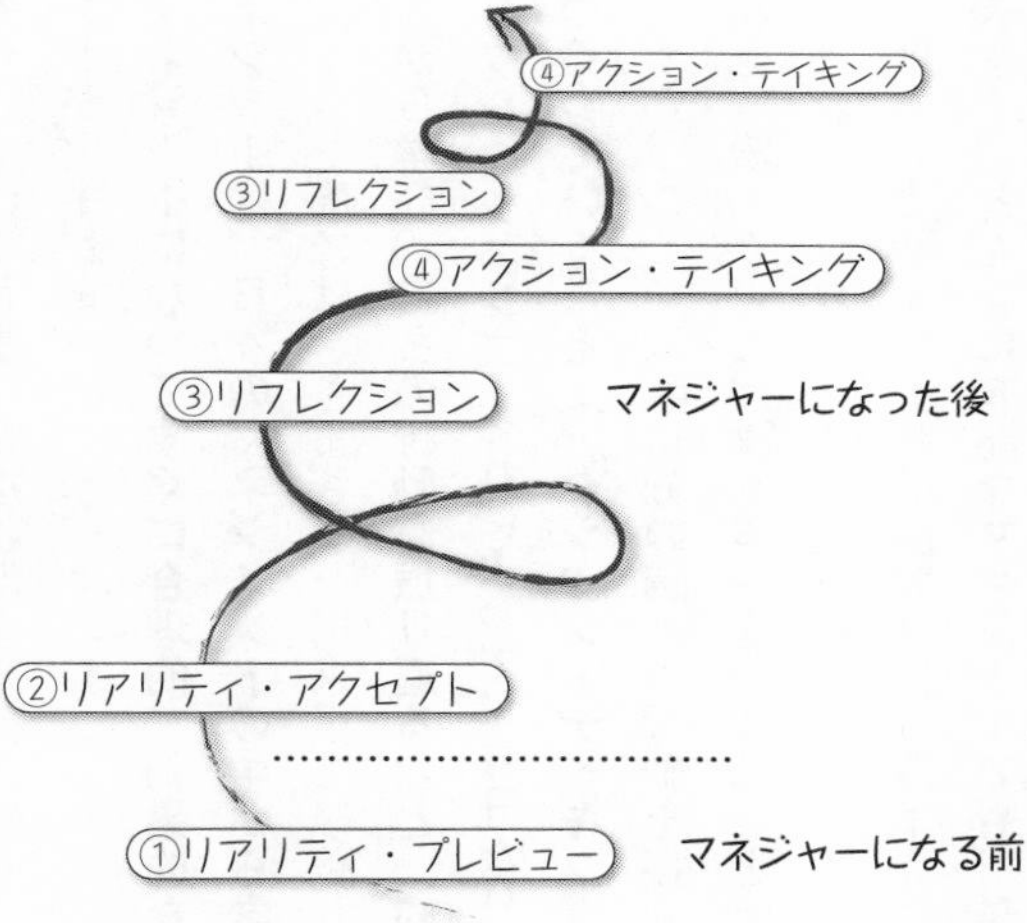

④アクション・テイキング：
みずからの原理原則をつくり、行為すること
↑
③リフレクション：経験を内省すること
↑
②リアリティ・アクセプト：
マネジャーになったあと、現実を知り、受容すること
↑
①リアリティ・プレビュー：
マネジャーになる前に、これから起こる現実を知る

たマネジャーの場合には、まずは職場のメンバーや、事業の経緯すら、わかりません。まずは、自分の置かれているさまざまな状況を正確に知り、いったん受容することから、効果的なマネジメントが生まれます。

しかし、**マネジャーになってすぐに合理的で効果的なマネジメントが行えるわけではありません。マネジャーは、日々のマネジメントの中から学ぶ必要があるのです。**マネジャーはマネジャーになった後には、さまざまな出来事を経験します。**マネジャーには、これらの経験（出来事）から学び、自らの行動を振り返ること（内省・リフレクション）を通して内省すること（リフレクション）。それによって、自分なりのノウハウややり方を蓄え、次のアクションをつくっていくこと（アクション・テイキング）**が求められます。内省とは4章で詳しく論じますが、ここでは「自分の過去の行動を振り返り、善し悪しを判断し、自分のノウハウを蓄積し、次の新たなアクションをつくること」とお考えください。

もちろん、これらのプロセスを一通り経験したところで、すぐに「完璧なマネジャー」になれるわけではありません。それは図表2に見るように、むしろ螺旋《らせん》を描きながら、徐々に進行していきます。**どんなに有能なマネジャーでも、最初は「誰もがみなマネジメントの初心者」でした。こうしたラーニング・スパイラルを辿り、徐々に「マネジャーになってい**

く」のです。ちなみに本書の記述内容自体も、このスパイラルに対応しています。本書1〜3章の記述は主に「マネジャーになる前に、これから起こる現実を知ること」「マネジャーになった後、現実を知り、受容すること」に役立つよう、したためられています。一方、後半部4章は「経験を内省し、次のアクションをつくること」ができるように書かれています。マネジャーはこのようなラーニング・スパイラルを通して、マネジャーに「生まれ変わって」いくのです。

ちなみに、万が一、マネジャーがこの「生まれ変わり」に失敗してしまった場合はどうなるのでしょうか。少しの試行錯誤や失敗は誰しも経験することでしょうが、あまりにも派手にかつ過剰に失敗を繰り返してしまうと、マネジャー・トラックからの「脱線（derailment）」という事態を引き起こしてしまいます。「脱線」とは、マネジャーの役割にしっかり乗れないこと、マネジャーとして失敗すること、どっちつかずの宙ぶらりんの時期（中立圏）で道に迷ってしまい、新たな自分に生まれ変われないことを言います。

かつて1980〜90年代に、米国では「マネジャーの脱線（derailment）」にまつわる研究が盛んに行われました。[9] 最近の研究によると、「米国企業ではシニアマネジャーの40％が、最初の18カ月以内に失敗する」という知見が提出されています。[10]

新任マネジャーや駆け出しマネジャーは、戦略的にこの「移行期間」を乗りきる必要があります。本書では、さまざまな調査結果や先行研究、そして、多くの先輩マネジャーの語りや自分の経験を通して、移行期間におこるさまざまな挑戦課題を「戦略的」に乗り越える術を、皆さんと考えていければと思っています。

続く2章では、現代の日本社会、日本企業において、実務担当者からマネジャーへの移行がどのように進んでいるのかを見てみましょう。現在、「マネジャーになること」には、どのような社会的状況が広がっているのでしょうか。答えを性急に追わず、僕たちの旅を、まずは、この問題と向き合うことから始めましょう。

第1章 注

1　この定義は、経営学上、最も有名なH・クーンツとC・オドンネルによるマネジャーの定義です。

2　ミシガン大学のレンシス・リッカートは、マネジャーを「組織を構成する小集団の連結ピン」になぞらえました。

3　ここで述べたマネジャーの役割は、ミンツバーグが1970年代に行った古典的研究によるものです。カテゴリーの名称は、ややわかりにくいところがありますので、ミンツバーグのフレームワークをもとに、僕が変更しています。

Minzberg, H.（著), 奥村哲史・須貝栄（訳)(1993）マネジャーの仕事, 白桃書房

Mintzberg, H.（2003）マネジャーの職務：その神話と事実との隔たり, *Diamond Harvard Business Review*, January 2003, pp. 54-70

4　ミンツバーグは2009年に続編に当たる著作『マネジャーの実像』を出しており、現在も、その新鮮さを失っていません。そこに通底するメッセージは「マネジャーの仕事の実態をつぶさに観察すること」からしか、マネジャーの仕事はわからない、ということです。

ちなみに、マネジャーの役割論、行動論については枚挙にいとまがありませんが、その多くは、ミンツバーグが1973年に示したフレームワークから大きく逸脱するようなものではありません。

Mintzberg, H.（著), 池村千秋（訳)(2011）マネジャーの実像, 日経BP社

Stewart, R. (1967) *Managers and their jobs*, Macmillan

Sayles, L.（著), 山城章（監修）・佐藤允一（訳)(1967）管理行動：ミドルマネジメントの行動研究, ダイヤモンド社

Hales, C. & Tamangani, Z. (1996) An investigation of the relationship between organizational structure, Managerial role expectations and managers' work activities, *Journal of management studies*, Vol., 33 No. 6 pp. 731-756

Tengblad, S. (2006) Is there a 'new managerial work'? A comparison with Henry Mintzberg's classic study 30 years later, *Journal of Management Studies,* Vol. 43 Issue 7 pp. 1437–1461

5 Hill, L. (1992) *Becoming a Manager: How New Managers Master the Challenges of Leadership,* Harvard Business School

6 マネジャーのトランジション研究には下記のようなものがあります。

金井壽宏（2005）ライン・マネジャーになる節目の障害と透明：「なりたくない症候群」と「世代継承的夢」，国民経済雑誌，191(3), pp. 43–68

元山年弘（2008）管理職への移行における諸問題，経営教育研究，Vol. 11 No. 1 pp. 72–84

元山年弘（2013）管理職への移行におけるトランジション・マネジメント，金井壽宏・鈴木竜太（編著）(2012）日本のキャリア研究，白桃書房，pp. 223–238

Charan, R., Drotter, S. and Noel, J. (2001) *The leadership pipeline : How to build the leadership-powered company*, Jossey-Bass

尾形真実哉・元山年弘（2010）キャリア・トランジションにおける個別性の探究：新任マネジャー・新人看護師・新人ホワイトカラーへの移行に関する比較分析，甲南経営研究，第50巻第4号，pp. 45–103

7 Bridges, W.（著）、倉光修・小林哲郎（訳）(2014）トランジション：人生の転機を活かすために，パンローリング

8 移行期間に感じる心理的困難さや役割転換については、下記のような研究があります。

Nicholson, N. and West, M. A. (1988) *Managerial job change : Men and women in transition*, Cambridge university press

9 リーダーの脱線研究は、そのまま裏返せば、「脱線しないように、リーダーをいかに育成するか」というリーダーの育成論につながります。Center for creative ledershipでこれらの議論が同時進行していたことが、興味深い点です。

MacCall, M. W. and Lombardo, M. M. (1983) Off the track : How and why successful executive get derailed, *Technical report* number 21, Center for creative leadership

Lombardo, M. M. and McCauley, C. D. (1988) The dynamics of

management derailment, *Technical report,* number 34, Center for creative leadership

Leslie J. B. and Velsor, E. V. (1996) *A look at derailment today : North America and Europe*, Center for creative ledership

Lombardo, M. M. and Eichinger, R. W. (1989) *Preventing derailment*, Center for creative ledership

10 ハーバード・ビジネススクールなどで教鞭をとるジェイ・A・コンガーは、シニアマネジャーが与えられた任務をこなせるようになっていくためには、企業の側の支援や介入が欠かせないと主張しています。コンガーによれば、マネジャーに対する企業側のサポートは本来必要なものであるにもかかわらず、非常に少ないといいます。マネジャーの中には、すでに長年の経験を持っているため、自分の能力を過信し、他者からの指導やフィードバックを受けることをためらう可能性があり、また同僚からの支援やフィードバックを得ることも困難なようです。

だからこそ、企業の側は、新任のシニアマネジャーに対して、コーチやシニアアドバイザー、メンター（世話役）などをつけ、変化を促進すべきだ、というのがコンガーの主張です。

Conger, J. A. (2012) Socializing ledership talent: Ensuring successful transition into senior management roles, *The Oxford handbook of organizational socialization*, Oxford University Press, pp. 303–314

第1章の振り返り

●マネジャーとは「何」か？

- マネジャーの本質は、Getting things done through others（他者を通じて物事を成し遂げること）。
- 他者とは部下のみならず、上司、他部門の長、経営者なども含まれる。

●マネジャーとはどんな仕事をしているのか？

(1)対人関係の役割

①挨拶屋、②ベクトル合わせ屋、③連絡屋

(2)情報関係の役割

④分析屋、⑤伝達屋、⑥宣伝屋

(3)意思決定にかかわる役割

⑦変革屋、⑧障害やりくり屋、⑨配分屋、⑩決定屋

●実務担当者からの生まれ変わり

- 真のマネジャーになるためには、実務担当者からの「生まれ変わり」が求められる。そのために、実務担当者時代とは異なる「学び」が必要。
- 駆け出しマネジャーは以下のラーニング・スパイラルを経て、徐々にマネジャーになっていく。

①リアリティ・プレビュー
→②リアリティ・アクセプト
→③リフレクション
→④アクション・テイキング
(以後も③と④を繰り返しながら、成長していく)

第2章　プレイヤーからの移行期を襲う5つの環境変化

5つの環境変化：「突然化」「二重化」「多様化」「煩雑化」「若年化」

本章では、現在の日本社会、日本の組織において、一般に、ビジネスパーソンが実務担当者からマネジャーへと移行していくプロセスはどのようになっているのか。そこには、どのような課題が待ち受けているのかを見てみることにします。

本章の記述は、やや遠回りに感じる読者がいるかもしれませんが、**マネジャーへの移行期間を正しく乗り越えるためには、そのプロセスの実態がどうなっているのかを知っておいた方がいい**でしょう。1章で既述したように「起こっている出来事」を正しく知ることは、すなわち「リアリティ・プレビュー」を行うことは、実際にそのような変化が自分に起こったときに、いわば「ワクチン」として機能します。

キャリア発達論で知られるナンシー・シュロスバーグによると、キャリアの転換期（トランジション）に対処するためには、自己（Self）の属性や、他者から受けられる支援（Support）の中身を知っておくことに加え、自分が置かれている状況（Situation）をしっかりと把握し、戦略（Strategy）を立てることが大切だといいます[1]（この枠組みを「4Sシステム」と呼びます）。自ら動いたり、他者からの適切な支援を受けたり、あるいはそのための戦略を立てたりするためには、まず状況について知っておくことが大切だといいます。

では、現在の日本企業において、実務担当者からマネジャーへの移行プロセスの状況はどうなっているのでしょうか。

業種業態にもよりますので一概には語れませんが、現在、そのプロセスは、５つの環境変化にさらされています。キーワードは**「突然化」「二重化」「多様化」「煩雑化」「若年化」**です。これらの環境変化によって、実務担当者からマネジャーへの移行が困難になっているのです。一つひとつ順を追って見ていきましょう。

①突然化：ある日、いきなりマネジャーになる

まず「突然化」についてです。

かつての日本企業では、実務担当者から課長（マネジャー）までの間に係長や課長補佐などのポジションがありました。企業の組織は多くの階層からなるピラミッド型をしており、実務担当者として何年か働いた人たちは、いったん係長や課長補佐などのポストについてから、課長に選抜されていました。

そのことは、学習の観点から見ますと、**マネジャーになってから必要な知識やスキルが、**

マネジャーになる手前のポジションにおいて、「部分的」ながらも「徐々に」に学ばれていたことを意味します。係長や課長補佐といった人たちは、直属の上司に当たる課長がふだんやっている管理職業務の一部をときおり代行することで、マネジャーのスキルに少しずつ習熟し、マネジャーが持っておくべき知識やマインドセットを徐々に身につけていました[2]。ここで最も大切なことは**「将来に必要になるスキルの学習機会」が、「それ以前の仕事」の中に埋め込まれているということです。**

しかし、現在は状況が変わっています。多くの日本企業では組織がフラット化し、主任や係長や課長補佐に当たるポストはなくなりました。そのため、マネジャーになる手前のポストが消え、マネジャー予備軍の人たちが管理職業務を代行する機会は失われることも多くなってきました。

もちろん、フラット化にはさまざまなメリットがあります。意思決定の迅速化、組織の活性化、上層部と現場の距離の短縮化といった目的のために、1990年代、日本企業はこぞって組織の階層構造を変えたのです。

けれども、フラット化によって組織の階層を減らした結果、実務担当者からマネジャーへの移行は線形的ではなくなり、**実務担当者は、ある日、突然、マネジャーになるための準備**

をすませないまま、いきなりマネジャーになることを求められるようになりました。

場合によっては、**フラット化によって、マネジャーが管理しなくてはならない部下の数が増加するケースもあります。**組織の階層が減った企業では、マネジャーは、かつての課よりも大きな単位の組織をマネジメントしなくてはならない場合があるからです。中には、新任の課長が150人もの部下を抱えているような会社もあると聞きます。しかし、そのような大人数をまとめ上げることが果たして本当に可能なのでしょうか。

マネジャーが管理する部下の人数についての研究では、「**スパン・オブ・コントロール（span of control）**」という概念がよく用いられます。「**管理する範囲（管理できる人数）**」という意味です。その古典的原則では、「どんな上司も、連動する仕事に従事している5人以上あるいは6人以上の部下の仕事を直接管理することはできない」とされています。[3]となると、フラット化が進んだ企業では、いきなりマネジャーになった人がスパン・オブ・コントロールを超えた数の部下を抱えてしまっている可能性もあります。

②二重化：プレイヤーであり、マネジャーでもある

次に「二重化」について考えます。

この変化は、マネジャーがマネジメントを行いつつも、プレイヤーとして自らも目標を達成することを求められる傾向が生まれていることを示唆します。

２０１２年、東京大学中原研究室と公益財団法人日本生産性本部（Japan Productivity Center：以下ＪＰＣ）は、現役マネジャーを対象とする共同調査を行いました（マネジメント・ディスカバリー研究「マネジメントへの移行と熟達に関する共同調査」。以下ではＪＰＣ東大調査と呼びます）。

この調査では、社員数３００人以上の企業に勤務し、人事考課対象となる部下を１人以上持っており、マネジャー経験が１年以上９年以下の人たち（33歳〜59歳）に質問紙調査をさせていただきました（有効回答数５１７人）。

それによると、プレイヤーとしての時間をほとんど過ごすことがなく、純粋にマネジメントだけに徹している「完全マネジャー」は５１７人中わずか14人、全体の２・７％しかいませんでした。

この結果からは、**日本のミドルマネジャーの多くが、プレイヤーの部分をあわせ持ちつつマネジメントを行っていることがわかります**。もちろん、プレイヤーの部分は、平均してみれば、それほど多いわけではありません。しかし、現代のマネジャーは他者に数字を追わせる存在である一方で、自らも数字を追う時間を持つ存在なのです。

つまり、大半のマネジャーは**「マネジャー村」に本籍を持ちながら、「プレイヤー村」にも時折、出入りする存在だということです。**1章で見たように、マネジャーになるためには、実務担当者やプレイヤーからの「生まれ変わり」が必要です。しかし、一方で、生まれ変わった後にも、実務担当者やプレイヤーの感覚や経験を持ちつつ仕事を為す環境に、現代のマネジャーは置かれています。ここは誤解を避けるために、繰り返し申し上げますが、マネジャーになることの原理原則としては、1章で述べたように「生まれ変わり」が必要なのです。しかし、ここに、ややどっちつかずの余地があることが、現代の日本社会において、マネジャーを語ること、マネジメントを語ることに付随する難しさです[4]。

もっとも、プレイングマネジャーについて否定的な文脈だけで語るのは、あまり有意義なことではありません。**マネジャーが常にプレイしているという状況そのものは、マネジャーが自らの背中を通して、部下に仕事を教える契機を含んでいるとも言えます**[5]。また本気でマネジャーがプレイングしている様子は、部下に対してモティベーションを喚起する可能性があります。

しかし、ここには落とし穴（pitfall）もあります。**マネジャーが、「プレイヤーとしてかけ**

る時間」と「マネジャーとして働く時間」のバランス、つまり「プレマネバランス」をうまくとりながら仕事を進めるのは、そう簡単なことではありません。「プレマネバランス」をうまくとることを現代のマネジャーは実践知として学ぶ必要があるのです。

この点について、JPC東大調査のデータを分析してみたところ、プレイングマネジャーがプレマネバランスをうまくとれている場合は職場業績がよい傾向がありますが（プレマネバランス均衡型マネジャー：517人中373名）、プレマネバランスが崩れ、プレイヤーとしての自分に固執している状況であると（プレイヤー固執型マネジャー：517人中136名）、統計的有意に職場業績が低い傾向がありました。実際は、これだけのデータで、プレイングの多さが職場業績の低さにつながってしまうと断定することはできません。より多くのデータを使って因果関係を検証していく必要があります。

しかし、メカニズムは正確に同定できていませんが、少なくとも**「プレイングに過剰に時間を当てているマネジャー」は、一般的なマネジャーよりも、職場業績が低い**ことがわかります。

おそらく、プレイヤー固執型マネジャーは、最初はマネジャーとしてチーム全体をまとめて成果を出そうと奮闘するのですが、それがうまくいかなくなり、自分がなんとかしなけれ

図表3　マネジメントに当てる時間割合と職場業績の関係※

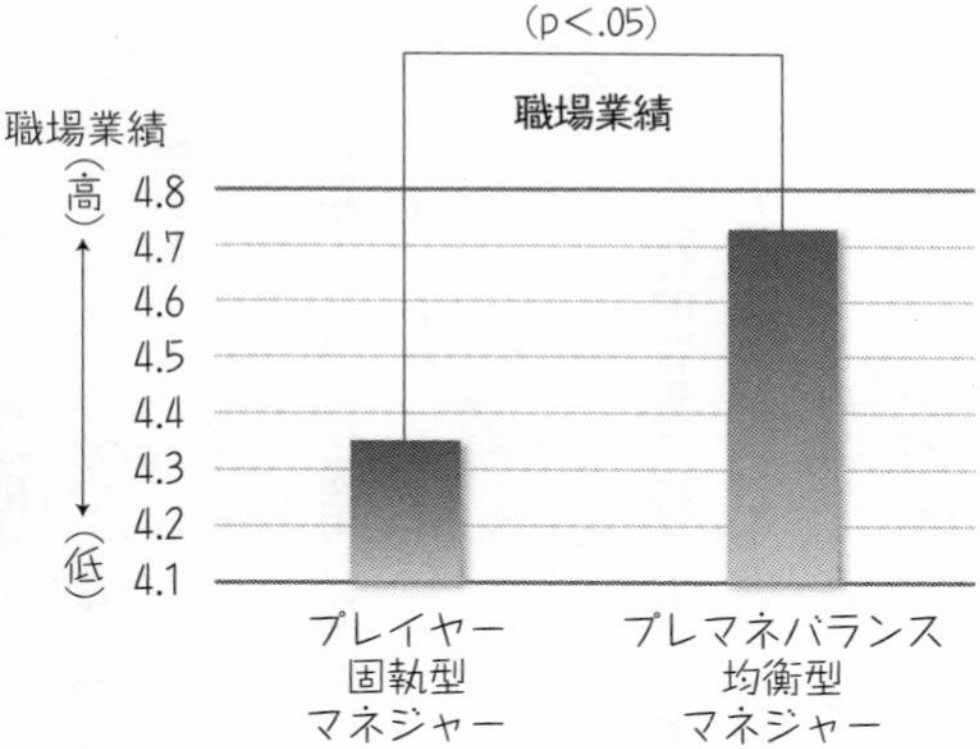

※縦軸は全社における職場業績の主観的評定値です。値は1から7の間をとります。プレイヤー固執型マネジャーとは、業務時間においてプレイングに当てる時間が平均値+1SD（標準偏差）の値よりも多いマネジャーのことと操作定義します（517人中136名）。それ以外のマネジャーをプレマネバランス均衡型マネジャー（517名中373名）と定義して、一元配置分散分析を行い平均値の差を検定しています（p<.05）

ばと、ついソロプレイに走ってしまうのではないか、と考えられます。しかし、そうやってひとりで頑張ってみても、あまり成果は出せず、かえってチームのマネジメントがおろそかになってしまう。だからますます、自分で走るしかなくなる。そんな悪循環の中で苦闘しているのではないか、と解釈できます。

③多様化：飲み会コミュニケーションが通用しない?

次にマネジャーがマネジメントを行う対象にも目を向けてみましょう。そこで起きている変化が「多様化」です。

業種業態によって程度の差はあるでしょうが、**現在の日本企業の職場では、契約や派遣の非正規社員、異なる国籍や文化的背景を持つ人々、再雇用制度などによって生じた「マネジャーよりも年上の部下」など、職場メンバーの社会的属性が多様化しつつあります。**マネジャーにとってみれば、マネジメントの対象となる部下が多様化したということです。

思い起こせば、1980年代、ジャパン・アズ・ナンバーワンを謳歌した当時の日本企業の職場の多くは、「**日本人・男性・正社員**」で構成される場所が多かったように思います。そういった職場をまとめ上げる課長層が、経営陣と職場のメンバーの間をつなぐことで、企業に活力を与えていることを発見したのは、世界的経営学者の野中郁次郎先生（一橋大学名誉教授）ですが、野中先生は、そんな課長たちのコミュニケーション特性についても触れています。その論文では、高業績の課長は、勤務時間外に部下と直接会ってコミュニケーションをとっているという調査結果が紹介されており、野中先生は、「高業績課長は、大いに赤ちょうちん・縄のれんを利用しているのであろう」と述べておられます[6]。

つまり、80年代の日本企業では、課長が部下たちと「ザ・ノミニケーション」をよくとっており、それがマネジメントの手段として有効に機能していた可能性があるわけです。このあたりは想像力を働かせるしかないのかもしれませんが、当時は、課長がビールジョッキを片手に「俺も辛いんだよ」と言えば、部下は「僕たちも頑張ります！」と声を上げていたのかもしれません。

しかし、ノミニケーションがマネジメントの手段として機能していたのは、部下たちが「日本人・男性・正社員」であったから可能であったのかもしれません。就業後に皆で飲みに行こうと言えば、職場全員で進んで飲みに行くことのできるほど、職場メンバーの社会的属性が均一であったから、とも考えられます。むしろ、**現在のような多様性に満ちた職場では、ノミニケーションが奏功する社会的条件がすでに崩壊している**と見なすべきでしょう。

これに関連して、最近こんな話を聞きました。

ある会社で数十人のメンバーを率いている課長が、いつものようにメンバー全員を集めて朝礼を開き、そのしめくくりに、忘れていたことを思い出したかのような小声で言いました。この職場のメンバーは、いわゆる正社員から、派遣社員、短時間勤務の契約社員、パート・アルバイト、嘱託職員など、多種多様な雇用形態のメンバーからなっています。

「……今日は暑いし、景気づけにみんなで飲みに行こう」

そのひと言にメンバーは凍りつき、ざわざわし始めたそうです。おかしいなと思った課長は、近くにいた派遣社員の女性メンバーに訳を尋ねました。すると女性は言ったそうです。

「私は〝みんな〟に含まれるんでしょうか。皆さんが疑問に思っているのは、自分が〝みんな〟に入っているかどうか、わからないからだと思います」

課長の何気ない提案に対してメンバーがざわついたのは、誰まで、すなわち、どの雇用形態の人までが「みんな」なのか、すなわち就業時間外に飲みに行かなければならないのかが、わからなかったからです。

職場にいる本当にすべての人のことなのか、それとも課長は正社員に対してだけ語りかけたのか。「みんな」とは一体誰のことなのか。誰から誰までが就業時間外に時間的拘束を受けるのか。その判断がつかない状態において、たまたま発言を求められた派遣の女性社員が発した問いが、「私はみんなに含まれるんでしょうか」だったのです。

かつてのように「日本人・男性・正社員」ばかりが働いていた職場では、飲み会を開くにあたって、このような問いが職場メンバーから発せられることはなかったでしょう。しかし、現代は、雇用形態によっては、飲み会に誘われて、「それは仕事のうちなの？」と思ってしまうのも無理はありません。

さらに職場構成員が国籍や文化的背景が異なる人たちからなる場合は、宗教上の理由で食べられないものもあるため、飲みに行く店などについての配慮も必要になります。かつて僕は米国ボストンのマサチューセッツ工科大学で客員研究員を務めていましたが、研究室にはさまざまな国から来ているメンバーがいたため、全員参加の飲み会を実現することがいかに難しいかということを痛感しました。

夕方に集まってパブに出かけても、宗教上の理由で食べるものが一様ではありませんし、飲むものも多種多様です。日本のように「みんな、とりあえずビール」は実現しませんし、「同じ鍋」をつつくこともできません。各人が、好きなようにアルコールをカウンターで入手して、ベジタリアン専用の食事、チキンの食事、ビーフの食事と、数種類の食事を自ら選んで、個別に食べました。多様性のあふれる職場・環境というのは、こういう場所のことを言うのだな、と思いました。

マネジメントの対象が多様化していくという流れが今後変わることはないでしょう。そんな中、**マネジャーは、飲み会のような勤務外の直接的コミュニケーションに頼らずに、能力もキャリア意識もモティベーションも、組織や職場に対するコミットメントも異なるメンバーたちを鼓舞しなければなりません。**

④煩雑化：予防線にまつわる仕事は増える

4つめの変化、「煩雑化」は、マネジャーの仕事の中身にかかわる変化です。

以前、ヒアリングをさせていただいたあるマネジャーが、こんなことをぼやいていました。「職場にあるすべてのUSBメモリの型番・用途を調べろ、というのです。また予防線をはる仕事です。僕はマネジャー本来の仕事をしたい。僕にマネジメントをさせてください」

この事例は、情報管理が厳しくなってきた現代の職場での一コマをものがたっています。このマネジャーの職場では数百人が働いています。使用されているＵＳＢメモリは膨大な数に上ります。おそらくＵＳＢメモリからの情報漏洩にかかわる何らかの問題が他部署で起こり、それがきっかけで、その利用実態調査が、組織内すべての部署にて行われ始めたのでしょう。結果、職場内で利用しているＵＳＢメモリの型番や用途をすべて調べて登録しておくということになり、マネジャーが、その作業に忙殺されている様子が見て取れます。

確かに、現代は高度情報化社会です。高度情報化した社会では、ひとつの些末な情報漏洩が、組織をおびやかすような巨大なリスクに発展しかねない危険を持っています。企業は情報漏洩や情報犯罪に関する大きな潜在リスクをヘッジするために、さまざまな管理を徹底するようになります。

これは、情報管理の観点からすれば重要なことかもしれませんが、そのための**膨大なペーパーワークに関与せざるをえないマネジャーは、本業で成果を出すという「前向きな仕事」に取り組む余裕を奪われます**。膨大なペーパーワークをこなさなければならないために、部下と面談をする時間、戦略を構想する時間などが失われてしまうのです。その結果が「僕にマネジメントをさせてください」という叫びにも似た言葉にあらわれています。

1章でも述べたように、もとよりマネジャーの仕事は「雑多さ」に満ちています。しかし、最近になってマネジャーが新たに負わされるようになったのは、組織が潜在的に抱えるリスクを前もって減らしておくための仕事や、企業が外部に対して情報を公開できるように前もって書類の体裁などを整えておくための仕事です。この**「前もってやっておかなければならない予防線をはる仕事」が、マネジャーの仕事を以前にも増して煩雑化させている**のです。

さらに高度情報化は、もうひとつの「予防線にまつわる仕事」も増やしています。それはCCメール（同報メール）による部下からの報告です。高度に情報化した社会では、情報をコピーすることは非常に容易です。メールの「CC:」の欄にマネジャーの名前を入れるだけで、マネジャーには業務メールが届きます。そして、**特にマネジャーの受信トレイを脅かしているのは、「一応、報告しておく」という目的のための「CCメール」です。**その量はすさまじいものになり、あるマネジャーは1日に200〜300件のCCメールを部下から受け取っていると言います。

僕はこうしたCCメールを「**CC爆弾**」と呼んでいますが、部下の方からすれば、何かあった場合にも「マネジャーにもCCしましたよね」と、リスクヘッジができるので、非常に便利なのかもしれません。しかし、それを受け取る方は「雑多で煩雑な世界」を生きなくてはなりません。

僕は、今のマネジャーが「不必要な雑事」を背負い込まされていると言いたいわけではありません。社会の変化とともに、以前はなかったような仕事が増えていくのは致し方ないことです。問題は、それらに過剰に対応せざるをえないために、マネジャー自身が成果を出すための本来業務に当たる時間、マネジメントを為す時間が、失われがちであるということです。こうした状況においては、自ら仕事を抱えることなく、部下などのメンバーに適切に仕事を振っていくなどの対処が求められることになります。

⑤若年化：経験の浅いマネジャーの増加

最後に「若年化」について説明します。これは、実務担当者からマネジャー職に昇進する時期がかつてより早くなり、若くして場合によっては、プレイヤーとしてまだ未熟な段階で、マネジャーへの移行を求められる人たちが増えている、ということです。

その理由はいくつかあります。1つは、**成果主義の進展と人件費の削減**です。1990年代以降、日本企業の昇進システムは、年功序列から成果主義に基づくものへと少しずつ変化してきました。単純に年齢が上であるというだけでマネジャーに昇進するのではなく、成果や業績を挙げなければマネジャーに昇進できないシステムへと徐々に変わっていったのです。

その結果、あらわれたのが、若年の経験の浅いマネジャーです。**マネジメントの代行経験はまったくないものの、実務で成果や業績を挙げた人がマネジャーに登用されることが、かつてよりも多くなりました。**高度経済成長期の頃は、重厚長大系の大企業では、45歳〜50歳ぐらいで課長に昇進するのが平均的でしたが、今は、早いところでは大企業でも30代後半ぐらいでマネジャーに昇進した方を目にすることが多くなっています。

この傾向に拍車をかけているのは、**情報技術分野などスピードを求められる事業領域の増加とグローバル化**です。

事業のスピードが速い分野では、過去の経験や技術を用いて仕事をする人よりも、最先端の技術や知識に精通している若年層の方が有利になります。あるサービス系のIT企業の人材開発部長は、「**うちの人材育成は40歳でCEO、38歳で役員クラス、35歳で部長級、30歳で課長級を育成しなくては、競争に勝てません**」とおっしゃっていました。スピードこそが命のIT業界（サービス系）では、求められているのは、そのような感覚での人材マネジメントです。

また、グローバル化をめざす企業によって、日本人マネジャーの海外派遣がさかんに行われるようになると、海外、とりわけ新興国にマネジャーとして出ていける若い人材が求められるようになります。特に小売、流通、製造などの分野では、大量の日本人マネジャーをアジアをはじめとする新興国に送り込み、現地に事業所や生産拠点をつくる動きが加速しています。

マネジメントの経験はあまりないけれど、業績を出して若くしてマネジャーになった方は、優秀ではありますが、さまざまな問題を抱えがちです。たとえば、先ほど述べましたように、職場は非常に多様化しており、幅広い年齢層の部下、多様な雇用形態の部下がいます。JPC東大調査の結果によりますと、**比較的若いマネジャーが特に挑戦課題として抱えがちなのは「部下を育成すること」「多様な雇用形態・年齢の人材を活用すること」「メンタル面を維持すること」**です。この3つの結果からは、**業績を出して若くしてマネジャーになった方が、「人に揉まれ」苦闘している**様子が見て取れます。個人として業績を出せることは実務担当者としては大切なことなのですが、彼らはマネジメントにまだ精通しているわけではありません。1章で見たように、彼らは実務担当者からマネジャーへと「生まれ変わり」を果たさなければならないのです。

さて、ここまで本章では、マネジャーへの移行期間にまつわる5つの環境変化として「突然化」「二重化」「多様化」「煩雑化」「若年化」を挙げてきました。

読者の中には、5つのうち、すべてが当てはまる状況で仕事をしている人もいるでしょうし、幸いにして1つも当てはまらない状況で仕事をしている人もいるでしょう。しかし、マクロ的に見れば、1990年代以降、こうした変化に見舞われた組織や職場は少なくないものと想像します。その結果、実務担当者からマネジャーへの移行は、間違いなく以前よりも容易ではなくなりました。もちろん、辞令さえもらえば、「マネジャーになる」ことは可能でしょうが、1章で見たように**「マネジャーとして働き続ける」ためには、準備や学びや覚悟が今まで以上に必要になった、ということです。マネジメントを始める前には、あらかじめ、これから起こるであろうことを知り、またマネジャーになった後には、自らの挑戦課題と向き合い、アクションをとっていく必要があります。**

次に3章では、いよいよ「マネジャーになった日」から話を進めたいと思います。マネジヤーになった方が、最初、どのような感情を持つのか。そして、彼／彼女は、どのような挑戦課題を乗り越えなければならないのか、について考えてみたいと思います。

第2章 注

1 Schlossberg, N.（著）武田圭太・立野了嗣（訳）(2000)「選職社会」転機を活かせ, 日本マンパワー出版

2 これは、学習研究で言うところの「正統的周辺参加」のプロセスとしても解釈できます。マネジャー予備軍による管理職業務の代行は、マネジャー業務の周辺に正統的に参加することであり、仕事を通じた学習の機会であったということです。マネジャー以前のポジションは、実務担当者がマネジメントコミュニティに参入していく際に必ず経験する、学習のリソースであったと考えられます。

Lave, J. and Wenger, E.（著）、佐伯胖（訳）（1993）状況に埋め込まれた学習：正統的周辺参加, 産業図書

3 Urwick, L. F. (1956) The manager's span of control, *Harvard Business Review*, Vol. 34, pp. 39–47

Meire, K. and Bohte, K. (2000) Ode to Luther Gulick : Span of control and organizational performance, *Administration & society*, Vol. 32 No. 2 pp. 115–137

4 「マネジャーになること」のプロセスにおいて、マネジャーが抱える障害の最たるものは「プレイヤーを捨てられないこと」にあります。1章で述べた「生まれ変わり」というメタファで示唆されるものを、正確に文字におこすならば「マネジャーはマネジメント業務だけに徹すること」なのであり、これは2章で述べた「マネジャーがプレイヤー部分を有しながら、マネジメントに当たっている」という現実と矛盾します。しかし、「プレイヤーとしての自分を捨てること」は、声を大にして、強調しすぎても、しすぎるということはないと考えます。よって本書では「マネジャーになることとは生まれ変わりである」というスタンスを固持します。

5 人材育成の観点から言うと、マネジャーと部下が一緒にプレイしている場合、マネジャーは適切なタイミングで部下にフィードバックができる可能性があります。「今ここで助言や指摘をすべきだ」という時機のことを、専門用語では「教育的瞬間」と表現します。しかし、この瞬間をとらえるのはなかなか容易

ではなく、「あさっての瞬間」にマネジャーがフィードバックをしても、部下は「なんで今、言うの？」と感じるだけです。その点、マネジャーが部下とともにプレイしていれば、教育的瞬間を逃さずに部下にフィードバックできる可能性が高まります。

また、マネジャーがプレイングな状態にあるからこそ、部下には暗黙のプレッシャーになるということはありえますし、部下の間に「あの人があそこまでやるんだから、私たちもやらなくてはならないな」という意識が芽生えることは容易に想像がつきます。

6　野中郁次郎（1983）活力の原点＝日本の課長：その変貌する役割を探る，週刊東洋経済臨時増刊近代経済学シリーズ，No. 65, pp. 25-30

第２章の振り返り

●移行プロセスを襲う５つの環境変化

現在、「突然化」「二重化」「多様化」「煩雑化」「若年化」という５つの環境変化によって、実務担当者からマネジャーへの移行が困難になっている。

①突然化：ある日、いきなりマネジャーになる

組織のフラット化が進んだ結果、準備のないまま突然、大人数の部下を抱えるケースが増えている。

②二重化：プレイヤーであり、マネジャーでもある

プレイングマネジャーが増えた現在、プレイヤーとしての自分とマネジャーとしての自分のバランスをうまくとることが求められている。

③多様化：飲み会コミュニケーションが通用しない？

現在の職場のメンバーは非正規社員、外国人、年上の部下など多様化している。それに応じて、マネジメントの内容も多様化している。

④煩雑化：予防線にまつわる仕事が増える

高度情報化が進んだ結果、これまで以上にマネジャーの雑事（リスクヘッジのための情報管理、CCメールへの対応など）が増加している。

⑤若年化：経験の浅いマネジャーの増加

成果主義の進展、情報化、グローバル化などの社会変化の影響で、業績を挙げて若くしてマネジャーになったものの、困難を抱えるケースが増えている。

第3章　マネジャーになった日

——揺れる感情、7つの挑戦課題

第3章では、トランジションのまっただ中にある新任マネジャーや駆け出しマネジャーたちが、いったい、どのようにマネジャーになっていくのか。マネジャーになった、その日は、どのような思いを持ち、そして、その後、いかなる挑戦課題にぶちあたるのかを考察していきます。1章で既述した「実務担当者からマネジャーに至る旅」、すなわち、マネジャーのラーニング・スパイラルも、いよいよ、「リアリティ・アクセプト」の段階に達してきました。

新任マネジャーが実務担当者からの移行において乗り越えなければならない課題は、①部下育成、②目標咀嚼《そしゃく》、③政治交渉、④多様な人材活用、⑤意思決定、⑥マインド維持、⑦プレマネバランスの7つです。これらの挑戦課題は程度の差こそあれ、多くのマネジャーが共通して抱える課題ですので、もし、皆さんが、そうした諸課題に直面したとしても、何もことさら恐れる必要はありません。そういう事態が起こることをまずは受け止め、その問題の本質を知りましょう。その上で、もし自分に同様の事態が起こったのだとしたら、時に内省し、行動しつつ、徐々に乗り越えていけばいいのです。

本章ではまず第一に、新任のマネジャーが、マネジャーになった日にどのような感情を持つのかを論じます。その上で第二に、駆け出しのマネジャーが共通して抱えがちな挑戦課題について説明します。続く4章では、後者の問題に対する具体的な対処を考えていくことにしましょう。

マネジャーになった日

まずは、マネジャーに任命された当日から見ていくことにしましょう。企業で働くビジネスパーソンたちにとって、「マネジャーになった瞬間」とはどのような意味を持つものなのでしょうか？　僕は、これまで多くの企業の新任マネジャーに「マネジャーになったばかりの頃、どんな気持ちでしたか？」などと尋ねてきました。このような僕の問いに対しては、たとえば以下のような答えが返ってくることが多いものです。結論から申し上げますと、**マネジャーになることは、まずは、「圧倒的にポジティブな経験」として語られます。**

マネジャーになるというのは、「納得がいくように仕事ができる」ということでしょ。好きなように、自分が納得いくように。（銀行／Oさん）

マネジャーになった日って、「ようやく私の時代が来た」という感じですよね。ようやく自分の判断で物事が決められる。大きな組織につとめた人なら、きっと一度は実感すると思うけど、「自分で決められる」ってことほどうれしいことはないでしょう。

（金融／Cさん）

マネジャーには権限があるので、好きなようにプロセスをふんで案件をこなしていける。我々の業務のフィールドは海外ですが、マネジャーになってからは、出張のタイミングも自分で決められるのがうれしかった。

（銀行／Nさん）

こうしたコメントは、企業のビジネスパーソンがマネジャーになったばかりの心理状況を回顧して語られたものです。銀行につとめるOさんは、**「マネジャーになる」ことを「納得のいくように仕事ができること」としていました。**この言葉の背後には、「マネジャーになる前」は、上司に気を遣い、彼が「納得がいくように」仕事をしていたけれど、自分としては納得がいかない仕事もあったことをうかがわせます。

金融業界でお仕事をなさっているCさんは、新任マネジャーになったばかりの頃、グローバルな金融マーケットと格闘する日々を送っていたと言います。「**私の時代が来た**」という言葉には、「**自分で仕事の範囲を決めて自分の裁量で働けること**」への満足感がよく表れています。

「海外出張のタイミングも自分で決められるのがうれしかった」というNさんは、実務担当者の頃は、出張の度に家族との調整で苦労したと明かしてくれました。ですから、それを自分で決められるのは、やはりうれしいことなのです。

このように**マネジャーになった瞬間というのは、多くの人々にとって圧倒的にポジティブな経験**です。それは、「納得のいくように仕事を進められる」とか「自分で決められる」といった裁量権限の拡大から、より実感されることでしょう。人材開発の言説空間では、「最近の若い人はマネジャーになりたくない」という言説があふれていますが、実際に、マネジャーと1対1でヒアリングをしていますと、マネジャーになることはポジティブさ、うれしさと共に語られることがほとんどであるというあたりまえの事実に気づかされます。

しかし、一方で、新任マネジャーになった方は、マネジャーになることに100パーセント掛け値なしのポジティブさを感じているわけではありません。**マネジャーになることの背後には、ネガティブな感情も存在します。**

JPC東大調査のデータ分析によれば、ネガティブな感情は4つに分類できます。[1・2]

①目標達成不安……自分のチームや職場が目標を達成できるかどうかという不安
②板挟み不安………上司と部下の間に挟まれてディレンマを抱えてしまう不安
③業務量不安………業務量をこなせるかどうかという不安
④現場離脱不安……現場を離れることについての不安

このうち①から③までは、以前からマネジャーが感じることが多かった伝統的不安とも言えるものです。①「目標達成不安」とは「自分のチームが会社から与えられた目標を達成できるか」ということに関する不安です。**マネジャーになることは、「納得のいくように仕事」はできますが、それは「厳しい責任」と引き替え**です。納得のいくように仕事の割り振りを行い、目標管理を行える。しかし、その反面で成果は出さなくてはなりません。

②「板挟み不安」は、1章で見たように、マネジャーの仕事の本質が「Getting things through others」であることから生まれてくる不安です。「others」と一口にいいますが、自

分以外の他者には、さまざまな考え方の人がいます。そうした人たちの思惑や考えをまとめ、納得解を探していくことがマネジメントの要諦です。そして、そのことは③「業務量不安」に見るように、業務量の増加をもたらす可能性も否定できません。2章で見たように、現代のマネジャーは自ら数字を持つプレイヤーであることも少なくないので、③の不安も感じて当然です。

④の「現場離脱不安」は、不安というよりも「寂しさ」に近いものなのかもしれません。北海道大学大学院の小田博志准教授（文化人類学）によると、「現場」には、「現在進行形」「予測不可能性」「即興性」「具体性」「複雑性」という5つの性質があるといいます。[3]

今まさに物事が動いていて、これからどうなるか予測がつかない。偶発的な出来事が起こると、即興で対応しなくてはならない。問題はいつも個別具体的で、なおかつ複雑性に満ちている。「現場」とはそのような場所であり、それゆえ魅力的な場所です。多くのビジネスパーソンにとって、現場は苦しい場所でもありますが、愉しい場所、すなわち「Hard fun!（たのくるしい）」な場所でもあります。それゆえ「現場をあがる」「現場から遠ざかる」ということは、多くの人々にとって寂しさに近い感情を持つものであるのかもしれません。しかし、こうした感情に見舞われたからといって、変なことではありません。むしろ、程度の差こそはあれ、皆、同じようなものなのですから。

最初は「揺れる感情」とつきあうこと

さて、以上、マネジャーになった日のことを書いてきました。すでに述べましたように、マネジャーになることは、まずは圧倒的にポジティブな経験として語られることが多いものです。しかし、一方で、そのポジティブさには、時折、裏側が垣間見られることがあります。**マネジャーになったばかりの人は、心の中でも、ネガティブ、ポジティブ両方の感情がない交ぜになっており、日によって、あるいは時期によって複雑に変化する場合があることは当然です。**ひと言で述べますと、**マネジャーになることの最初は「揺れる感情とつきあうこと」です。**「揺れる感情」があって当然なので、自らそのことを認識したとしても、慌てふためく必要はありません。

たとえば、先にポジティブなコメントを紹介した銀行のNさんは、こんなふうにも語ってくれています。

課長代理だった時期の後半は、目線を上げて仕事をしていました。それで仕事もうまくいっていたので、変に自信があったわけですね。課長になっても見る景色は違わないとタカをくっていた。しかし、課長代理と課長とでは、見る風景が違った。（中略）課長代理としてやっていたことと一見変わらないようでも、権限と責任が違う。課長代理時代は、責任逃れというわけでもないが、気分が楽でした。だって「最終的には課長が判断したんでしょ」と言えますから。

（銀行／Nさん）

この語りからは、Nさんが強いプレッシャーを感じていることがうかがえます。Nさんの会社では、実務担当者とマネジャー（課長）の間に課長代理のポジションを設けており、そのため、マネジャーへの移行が「突然化」しているわけではありません。しかし、それでも課長代理とマネジャーという2つの立場の間には、大きな「断絶」があることがわかります。そのことを印象的に語る言葉が「見る風景が違った」というひと言です。

また、銀行におつとめのYさんのコメントからは、同じ仕事の中にポジティブさとネガティブさの両方を感じているマネジャーの本音が伝わってきます。

マネジャーになったら、「指示される側」から「指示をつくる側」に回った。指示待ち

図表4　陰陽太極図

の仕事のやり方から、自分で他に働きかけるような仕事のやり方に変えるのは正直しんどい。でも自分が決めたことが形になり、成果につながったときは本当にうれしい。

（銀行／Yさん）

マネジャーになったばかりのYさんの内面には、「しんどさ」と「うれしさ」が同居していることがわかります。それはさしずめ陰陽道における「陰陽大極図」のようなものです

「陰陽大極図」とは「陰」と「陽」が交錯する不思議な空間です。陽（白い部分）が極まり大きくなれば、陰に変ずる契機になります。また、陰（黒い部分）が極まり大きくなれば、陽に変じることもあります。陰の中央には、陽の点がありま

す。いくら陰が強くなっても陰の中には必ず陽があります。そして、陽の中にも陰の点があります。そこでは二つの相反するものが、混じり合い、掛け合わされているのです。マネジャーになった日の感情も、これに似ています。

あるときは、ポジティブになり、あるときはネガティブになる。そんなふうに感情が揺れ動いています。それは、**マネジャーが裁量を与えられていると同時に責任を負っているからであり、自らが「古い状況」から抜け出し、「新しい状況」に向かって前進している、すなわち過渡期にあるからです。**[4] 裁量が与えられるのはうれしいことですが、それによって責任が生じ、プレッシャーを受けます。しかし、一方でだからこそ何かを成し遂げたときの達成感は大きいのです。

マネジャーは、日々、ポジティブな感情や、ネガティブな感情に左右されながら、なんとか環境に能動的に働きかけます。その上で、環境に働きかけてフィードバックをえることで、何とかかんとか、「洞窟の暗闇」に灯りを照らしていくのです。こうした行動のことを組織論では「プロアクティブ行動」と呼んだりします。[5]

「プレイヤー村」から「マネジャー村」に入ってきたマネジャーは、最初は右も左もわからずに揺れる感情とうまくつきあいつつ、少しずつ能動的に振る舞い、自分の職場に働きかけ

ることを通して、すなわちプロアクティブ行動を起こしていくことで、不透明感や不確実性を自ら払拭していくのです。

すぐには難しいかもしれませんが、不可能ではありません。**焦らず、あきらめず、少しずつ前進する。そのときには「揺れる感情をモニタリングして、うまくつきあうこと」が求められます。**時に喜びを感じることもありますが、時には**うまくいかないことや寂しさを感じることもあるかもしれませんが、その先には、ポジティブな世界が広がっています。**

最初からマネジャー村のキーパーソンになれる人はいません。マネジャーになるには、このように揺れる感情とうまくつきあいつつマネジャーとして直面しなければならない挑戦課題に向き合い、マネジメントの要諦を経験のうちから学び取っていく必要があるのです。

7つの挑戦課題

実務担当者からマネジャーへの生まれ変わり、あるいは、実務担当者村からマネジャー村への入口に立った新米マネジャーないしは駆け出しマネジャーには、いくつかの共通する挑戦課題があらわれてきます。挑戦課題といっても、ひるむ必要はありません。程度の差こそあれ、多くの人々が、共通して直面する、いわば「お約束」のような課題ですので、現実を見つめ、適切だと思われる対処を行っていけばよいのです。

ＪＰＣ東大調査からうかび上がってきた、経験の浅いマネジャーの直面する挑戦課題は、前にも触れましたが、７つです。[6]

①部下育成
②目標咀嚼
③政治交渉
④多様な人材活用
⑤意思決定
⑥マインド維持
⑦プレマネバランス

以上の７つの挑戦課題ですが、必ずしもひとりのマネジャーが、すべての挑戦課題を背中にしょいこむわけではありませんし、また、その必要もありません。これらは、マネジャーになるプロセスにおいて、遭遇する可能性の高いものであり、もし直面した場合には、現実を冷静に見つめ、少しずつ対処をしていくことが求められる、ということです。
以下、これらを順番に詳しく見ていきましょう。

部下育成：マネジャーの挑戦課題①

まず「部下育成」です。「マネジャーとして部下を育てる」と言うと、読者の中には、そんなことはあたりまえではないかと感じる人がいるかもしれません。確かにそのとおりです。マネジャーの基本的業務はチームの成果を出すことであり、そのためには部下育成は不可欠です。とりわけ中長期的にチームを率いていく場合、部下の成長度はチームの生産性に大きな影響を与えます。

しかし、**部下育成の重要性はわかっていても、その原理については知らないという人も多い**ようです。中には、自分が若い頃に出会った上司のやり方をそのまま再生産し、部下を厳しく追い詰めるなどして、チームに悪影響を与えてしまっているマネジャーも見受けられます。逆に部下に対して思い切ったことが言えず、あらゆる仕事を自分ひとりで抱えて疲弊してしまうマネジャーもいます。

4章で再度詳述しますが、**部下育成の原理とは、リスクをとって部下に仕事を任せ、適切**

なタイミングでフィードバックをすることです。この場合のリスクは、部下にその能力より少し高めの仕事を割り振ることで生じます。そういう仕事を部下に任せ、ただし、任せすぎないで、ときおり本人の振り返りを促しながら、その能力が向上するように導いていくこと。それが育成の原理にのっとった部下の育て方です。

部下育成の難しさについて、次のように語ったマネジャーがいました。

（仕事を振るときは、）部下のキャラクター（を勘案すること）もあるけど、部下のキャラは僕には選べない。とにかく仕事の難しさと部下の能力を冷静に考えるしかない。

（製造業／Nさん）

Nさんが述べているように、仕事の任せ方は、「仕事の難易度」と「部下の能力」の関数で決まります。もともと仕事のできる部下に簡単な仕事を振っても、できるに決まっているわけですから、リスクをとったことにはならず、育成にはつながりません。**部下育成は「ちょっと危なっかしい部下にあえて難しめの仕事を振り、マネジャーとして進捗を管理すること」が大切なのです。**

フィードバックの与え方においても工夫が必要です。

担当者のモティベーションが下がらないように、軌道修正の仕方を意識しています。このままでは明らかに違った方向に行くとわかったときも、いきなり「ダメ」と言うのではなく、部下が自分で気づく環境を整える。こちらで選択肢を3つか4つ示して、「もう一回考えてみて」と言うんです。2つだったら恣意的に見えてしまうので、選択肢は3つか4つ。まずはディスカッションし、部下に自分で考えたと思わせますね。

（食品／Fさん）

フィードバックは、一般的には、上司が部下の間違いを指摘することを指すと思われがちですが、このFさんは、**部下本人に間違いに気づかせ、対処法を選択肢の中から選ばせるという方法をとっています**。しかも選択肢は3個以上用意するという念の入れようです。

マネジャーは、チームの中で危険や損害につながりかねないようなことが起きた際には、ただちに怒鳴ってでも指摘しなくてはならないこともありますが、一般的には、このように**部下に自分で考えさせるやり方が効果的**です。これはまさに、育成の原理にのっとった部下の育て方と言えます。

部下育成は、多くのマネジャーにとって、容易ではない挑戦課題のひとつです。しかし、最初からそれができる人は、そう多いわけではありません。なぜなら「部下を育てるため」に、社員を雇用している会社は、日本中、ほとんど存在していないからです。あたりまえのことですが、**「成果を挙げるため」に、会社は社員を雇用するものです。**ですので、会社に雇用された社員が「部下を育てること」に困難を覚えるのは、あたりまえのことです。だって、それは多くの場合、未経験なのですから。しかし、一方で**中長期の視点に立てば「成果を挙げるため」には「部下を育てなくてはならない」**ということになります。最初からそれが十全にできなくても大丈夫ですが、いつか真正面から向き合うことは必要になります。

目標咀嚼：マネジャーの挑戦課題②

2つめの挑戦課題である「目標咀嚼」は、**会社がつくった目標を自分の部下たちにかみ砕いて説明し、部下たちの納得を得ること、会社の戦略を部門の仕事に落とし込み、部下たちに仕事を割り振っていくこと**です。

したがって、**これは「部下育成」と密接に絡み合う課題となります。**部下に仕事を振る際、マネジャーは部下に対して、その仕事が会社にとっても職場にとっても戦略的に意味のあることであり、部下本人の成長にも役立つことを説明しなくてはならないからです。僕たちの調査でも、「部下育成」の能力が高いマネジャーは「目標咀嚼」の能力にも秀でている、という結果が出ています。

次の語りをご覧ください。

> できるだけ部下に仕事をしてもらい、経験値を上げてもらいたいと思っている。やるべき仕事の狙いやゴールについてよくすり合わせ、あとは任せて、進捗の確認、スケジュールの管理をすれば、その部下のよい経験になる。（電力／Oさん）

このOさんがやっている「すり合わせ」こそ、「目標咀嚼」にほかなりません。これは、会社のめざすもの、求めるものと、部下の思いの関係を調整する行為です。

そうした役割の難しさについて、こう説明してくれたマネジャーもいました。

> 「立ち位置」は「メンバー」と同じで、「顔」は「会社の方向性」に向ける。これが大変。

立ち位置が会社で顔も会社なら、話は簡単です。「会社が決めたことだから行け」と言えますから。でも、そうすると元も子もない。部下はそれ以上何も言えなくなってしまう。

（銀行／Yさん）

「立ち位置はメンバーと同じで、顔は会社の方向性に向ける」というのは、なかなか秀逸なメタファです。しかし、そうした地道な努力をするぐらいなら、さっさと部下に命令すればいいじゃないかと感じる人もいるでしょう。その場合はどうなるでしょうか。

僕がポジションに基づいて「やれよ」と強権を発動したら、部下はみんなやることはやりますよ、短期的には。そりゃ、サラリーマンだから。でも、中長期で見れば、パフォーマンスは落ちますね、確実に。

（鉄鋼／Aさん）

この語りの中で鉄鋼業界におつとめのAさんが言うように、中長期的に見た場合は、「ポジションを利用した強権発動」は「生産性の低下」につながるようです。みんな「サラリーマン」なのだから、短期的には奏功するかもしれません。しかし、**人は「納得感の持てない**

すいかたちで伝えていく必要があるようです。

目標」や「見えないゴール」に対して、強いモティベーションを感じていられる存在ではありません。中長期の場合には、やはり会社の持っている目標やベクトルを、部下にわかりや

政治交渉：マネジャーの挑戦課題③

3番目の挑戦課題である「政治交渉」は、**組織内にネットワークをつくり出し、それを通じて自部門に資源（ヒト・モノ・カネ）を集めつつ、かつ、他部門ともうまく協調していく**ことです。

1章で述べたように、マネジャーは部門の代表であり、自部門の資源獲得を最優先に考えなくてはなりません。ただし、他部門と真正面から対立すると、お互いに感情的なしこりが残るなどして、業務に支障をきたしかねないため、部門間の交渉や調整を慎重に行っていく必要があります。組織の中で他部門と競争して資源動員に努めつつ、他部門との協力・連携を推し進める、という一見矛盾したことを成し遂げなくてはなりません。

その様子を次のように表現したマネジャーがいました。

マネジャーになるってことは、〝一国一城の主〟になるってことでしょ。これからは自分の国を切り盛りしていかなくちゃならない。他国からガーッと攻められることもあるし、他国と同盟を組まなきゃならないこともある。（IT／Aさん）

マネジャーになると交渉しなくてはならない。これは厄介だなと思った。うちの会社では、隣の部門は〝違う国〟。（中略）これは〝外交〟だなと思いました。（IT／Bさん）

ここでAさんとBさんは、自分の立場を「一国一城の主」と見なしています。マネジャーは、「国の主」として自分の国を切り盛りしていかなければならないのですが、同時に「他国」と同盟を組んだり、対外交渉をしていかなくてはなりません。Bさんの「外交だな」という言葉は、他部門の長と協業したり、連携しなければならないマネジャーの「政治交渉」課題を如実に物語っています。

これに加えて、**マネジャーが交渉・調整を行う相手には、自分の上司も含まれます。マネジャーは「自分の国」を切り盛りするために、上司とのコミュニケーションを通じてその意向をくみ取ったり、時には上司を動かしたりしなければなりません。**そのような交渉・調整のことを「**ボスマネジメント**」と呼びます。

ボスマネジメントは、マネジャーにとっては重要かつ困難な課題です。僕の印象では、マネジャーが抱く人間関係上の悩みは、6~7割が部下に関するもの、3~4割が上司に関するものです。

ボスマネジメントについて、あるマネジャーは次のように語ってくれました。

マネジャーになってしんどいのが、上司の思惑がわからないこと。上司が言葉で表現していることの裏を読みきれない。思惑を感じ取らないと、仕事を前に進められない。たとえば「事業を見直してください」という上司の言葉があるとするじゃないですか。その言葉ひとつとっても思惑がある。見直しのポーズをすればいいよと上司が思っているのか、それとも本当に見直すのか。

（食品／Kさん）

マネジャーは多忙ですが、その上司も多忙です。また、上司の言動には政治的なメッセージが含まれる場合もありますし、中には自分の思っていることを直截に表現しない上司もいます。そうした上司といかにつきあうかということは、マネジャーにとって重要かつ困難な課題となります。

政治交渉も、挑戦しがいのあるマネジャーの課題のひとつです。しかし、よほどの「人たらし」でない限り、それを最初から完璧にできる人はそう多くありません。「他者」の間で、ときにディレンマや葛藤を経験しつつ、「自分のやり方」をつくっていくことが求められます。詳細は４章でまた見ていきましょう。

多様な人材活用：マネジャーの挑戦課題④

４番目の「多様な人材活用」は、マネジャーの仕事を難しくしている現代的な課題のひとつです。先にも述べましたが、最近のマネジャーは、多様な雇用形態で働いている人たち、多様な文化的背景を持っている人たち、多様な年齢の人たちを、部下として抱えるようになっています。

小売系、流通系の企業では、大量のパート・アルバイトなどを抱える傾向があり、彼らのマネジメントに手を焼いているマネジャーも少なくありません。現在の組織は、人の出入りも激しくなっています。新卒採用で長く同じ組織で働き続けた人と中途採用の社員では、共有している文化も異なります。中途採用の社員に対する接し方に困惑しているマネジャーも、多くなっているという印象を受けます。

しかし、世相柄、注目されているのは「年上の部下」の問題でしょう。**とりわけ役職定年を迎えたシニアや、再雇用された高年齢層のマネジメントは難しいという声はよく聞きます。**

そういったシニアの中には、『踊る大捜査線』で故いかりや長介さんが演じた和久刑事のように、渋い味を出して職場を陰ながら支えてくれたり、前向きに部下の育成に当たってくれるシニアも少なくないのですが、中には、これまでの慣習にとらわれすぎたり、過去の栄光にすがりついている人や、マネジャーが何を言っても聞く耳をもたない人もいるようです。

年上の部下には本当に手を焼いています。マネジャーとして赴任した初日に、「営業は僕たちが教えますから」と年上の男性5人ぐらいに囲まれました。どういうことなんだと思ったが、最初は、ぐっと耐えてました。

（鉄鋼／Oさん）

鉄鋼企業でマネジャーをつとめるOさんは、マネジャーになったその日に、年上の部下からの洗礼を受けます。「営業は僕たちが教えますから」という言葉からは、「新任マネジャーはこれまでの営業スタイルに口を出さなくていい、余計なことはするな」という年上の部下たちの言外のメッセージが聞こえてきます。

こうした場合、**マネジャーは、まず現場を観察しなくてはなりません。**後述するように、**職場には、どんな人間関係が存在しており、誰を動かせば、誰が動くのか、に関する情報を、いわばフィールドワーカーのように集め、それらの情報から作戦を練ります。**Oさんの場合、「年上の男性5人」をつぶさに観察していくと、この5人とて、実は「一枚岩」ではなく、その中には、まだまだ聞く耳を持っている人もいることがわかった、と言います。Oさんは、その人に働きかけることで「年上の男性5名」の「ネガティブな結束」に「ゆさぶり」をかけて、結局、職場を変化させていきます。

「多様な人材活用」は、2章で見たように、昨今の職場が「多様化」していることから、避けることはできない課題であり、いつどこでこうした問題が起こっても、ひるむ必要はありません。現代の職場を率いる人であるならば、程度の差こそあれ、誰もが抱えがちな悩みです。リアリティを見つめ、冷静に対処することが求められます。

意思決定：マネジャーの挑戦課題⑤

5番目の「意思決定」もなかなか悩ましい挑戦課題です。というのも、組織の中で知識や情報を一番多く持っているのは、現場に近い実務担当者であることが多いのですが、意思決定をするのは、あくまでもマネジャーだからです。マネジャーは、**実務担当者より少ない知識や情報をもとに、リスクやメリット、デメリットを勘案して、適切に部門の意思を決定し、自ら責任を負わなくてはなりません。**

そうした立場について、あるマネジャーはこう話しています。

マネジャーは言い訳ができないんですよ。誰が命令したのかって話になったら、「お前だろ」、誰が責任とるんだってことになったら、「お前だろ」の世界ですよね。

（製造／Aさん）

Aさんが言うように、マネジャーは、多くの場合、言い訳ができません。現場に近い実務担当者が持つ情報を集め、分析した上で、決めなくてはならないのです。

しかも、マネジャーのレベルで**意思決定を必要とすることの多くは、白黒がはっきりしない「グレーな問題」**です。はっきりとした正解がなく、白黒つけづらい問題だから、マネジャーによる意思決定が必要とされるわけで、**最初から白黒はっきりしている問題なら、担当**

者レベルで判断して対処できるのです。

そのことをこう述べたマネジャーもいます。

マネジャーのところで意思決定しなければならない案件には、必ず反対勢力がいる。反対勢力がない案件なんてない。半分に反対されることがわかっていても、決めなければならないときには決める。それがマネジャー。（製造／Bさん）

マネジャーは「グレーな世界」を生き、「反対勢力」と時に対峙する存在です。Bさんが言うように反対勢力がいても、またリスクやデメリットがあったとしても、メリットの方が多いと判断したならば、ゴーサインを出さなければなりません。

実務担当者からマネジャーになったばかりの頃は、その「グレーさ」に心理的抵抗を感じることも少なくないのですが、「それは致し方ないこと」であり、受け止める必要がありま す。

逆に言うと、もし、**自分の目の前に「グレーな案件」や「反対勢力がいる案件」があらわれても、必要以上に過敏になる必要はありません。マネジャーになった多くの人が直面する**

ものとは、そういうものだからです。

マインド維持：マネジャーの挑戦課題⑥

さて、ここまで見てきただけでも、マネジャーの世界がいかに「矛盾」と「混沌」に満ちているかということがおわかりいただけるかと思います。部下育成でリスクをとり、自部門を大事にしつつ他部門との調整を図り、時には上司のマネジメントもしなくてはならない。実務担当者ではないのに実務にかかわる意思決定を下し、自分が決めたのではない会社の戦略をうまく部下に伝えて納得させ、場合によっては、自分より年上で経験豊富な人を率いて職場を動かさなくてはならない。マネジャーには、矛盾と混沌に満ちた現実を前向きに受けとめ、なんとかかんとかマネージすることが求められます。

こうした中で、マネジャーには、6番目の「マインド維持」という挑戦課題が必要になってきます。**いかにその仕事が「矛盾」や「混沌」に満ちていようとも、心を平静に保たなくてはなりません。**マインド維持とは、ひと言でいえば**「折れないように自分を維持すること」**です。

マネジャーに必要となる心構えについて、以下のような声が上がっています。

このことに関して（マネジャーに必要なのは）「不真面目力」と「スルー力」ですね（中略）。真面目に、自分で、すべて抱えない。時には不真面目にスルーすることです。すべてを引き受けちゃだめなんです。

（製造／Dさん）

マネジメントをやっていると、あきらめなければならないことがあるんですよ。（中略）変わらないものは変わらない。そういうものは抱えないで、すっきりあきらめ、他で頑張る。あきらめることも仕事（のうち）なんです。

（金融／Uさん）

製造業におつとめのDさんは、右記の語りにおいて、マインド維持という6つめの挑戦課題について、「不真面目力」と「スルー力」という二つのメタファを提示します。Dさんは問題のすべてを「引き受ける」のではなく、時に「不真面目にスルーすること」が大切だといいます。**「不真面目」「スルー」というと、一般にはあまりよい印象を持たれないかもしれませんが、ことさら、自分で引き受けなくてよいものを「腑分けすること」、その上で自分のマインドを平静に保とうとすることは、マネジャーにとって必要なこと**です。

金融系企業におつとめのUさんも同じようなことを、言葉を換えて述べています。Uさんによると、マネジメントには「あきらめなければならないこと」があるといいます。どうしても、「変わらないもの」はすっきりあきらめて、他に注力することが重要だといいます。「不真面目にスルーせざるをえないこと」「あきらめなければならないこと」が出てくることは、何ら不思議なことでも、非倫理的なことでもありません。程度の差こそはあれ、皆、そのような経験をし、心を平静に保っています。

なお、4章で詳解しますが、マインドを維持するために、最も助けになるもののひとつに、「自分の仕事に耳を傾けてくれるサポーティブな他者」をいかに探すか、という点があります。端的に述べるのであれば、マネジャーとして心が折れないようにするためには、「孤独なマネジャー」にならないことです。マネジメントをしていく上で、助言・客観的な意見をもらえる人的ネットワークをいかにつくるか、ということについて、改めて4章で考えてみたいと思います。

プレマネバランス：マネジャーの挑戦課題⑦

2章で述べましたように、現代のマネジャーの仕事は、プレイヤーとして目標を追う時間も持つようになってきています。プレイングマネジャーとして、チームを引っ張りながら、自分の担当する業務をこなす時間と余裕を確保する。これに対して、「プレイヤーとしての自分」にすがりつき、ついついマネジャーに生まれ変わることができなかったり、あるいは、プレイングに時間を過剰配分してしまうなどのケースがままあります。**「プレマネバランス」は、このようにプレイヤーとしての自分と、マネジャーとしての自分の心理的・時間的バランスをとっていくことに他なりません。**

ちなみに「プレマネバランス」がうまくいかないと、経験の浅いマネジャーの場合、他の挑戦課題と結合して、さまざまな悪影響をもたらすことが予想されます。

ＪＰＣ東大調査のデータを分析したところでは、①〜⑦までの課題の中で、経験の浅いマネジャーにとって悩みの種になりやすいのは、「部下育成」「目標咀嚼」「プレマネバランス」でした。これらの課題は相互に絡み合い、マネジャーの業績にネガティブなインパクトを与える可能性が仮説として浮かび上がってきます。

先ほどお話ししたように、「部下育成」と「目標咀嚼」は、セットと言っていい課題です。会社の戦略をよくかみ砕いて部下に説明し、仕事をうまい具合に割り振っていかないと、部下の能力は向上しません。部下の能力が伸びないと、マネジャーは自らプレイしなくてはならなくなり、「プレマネバランス」が崩れます。その結果、マネジャーが過剰プレイングの状態になると、「目標咀嚼」に支障が生じ、職場の業績も下がっていきます。そして、ますます「部下育成」がうまくいかなくなる……というふうにマネジメントは負のスパイラルに陥ってしまうのです（図表5）。

1章では、マネジャーのラーニング・スパイラルをご紹介しましたが、こちらは負のスパイラルです。こうしたいわば、「デフレスパイラル」に陥らないようにしておきたいものです。

ディレンマをマネージ（やりくり）する

このように、マネジャーになったばかりの人は、程度の差こそあれ、7つの挑戦課題に向き合うことになります。すべての課題を引き受ける方もいらっしゃいますし、1つも課題のない方もいますが、程度の問題はあるにせよ**挑戦課題がまったくない方は、そういません**。

新任マネジャーや駆け出しマネジャーは、場合によっては7つもの挑戦課題に直面するわけですから、時に不安を感じたり、誰かに相談したくなったりもします。当然のことです、はじめての課題なのですから。最初はできなくても当然ですし、少しずつ変わっていく必要

図表5　マネジャーのデフレスパイラル

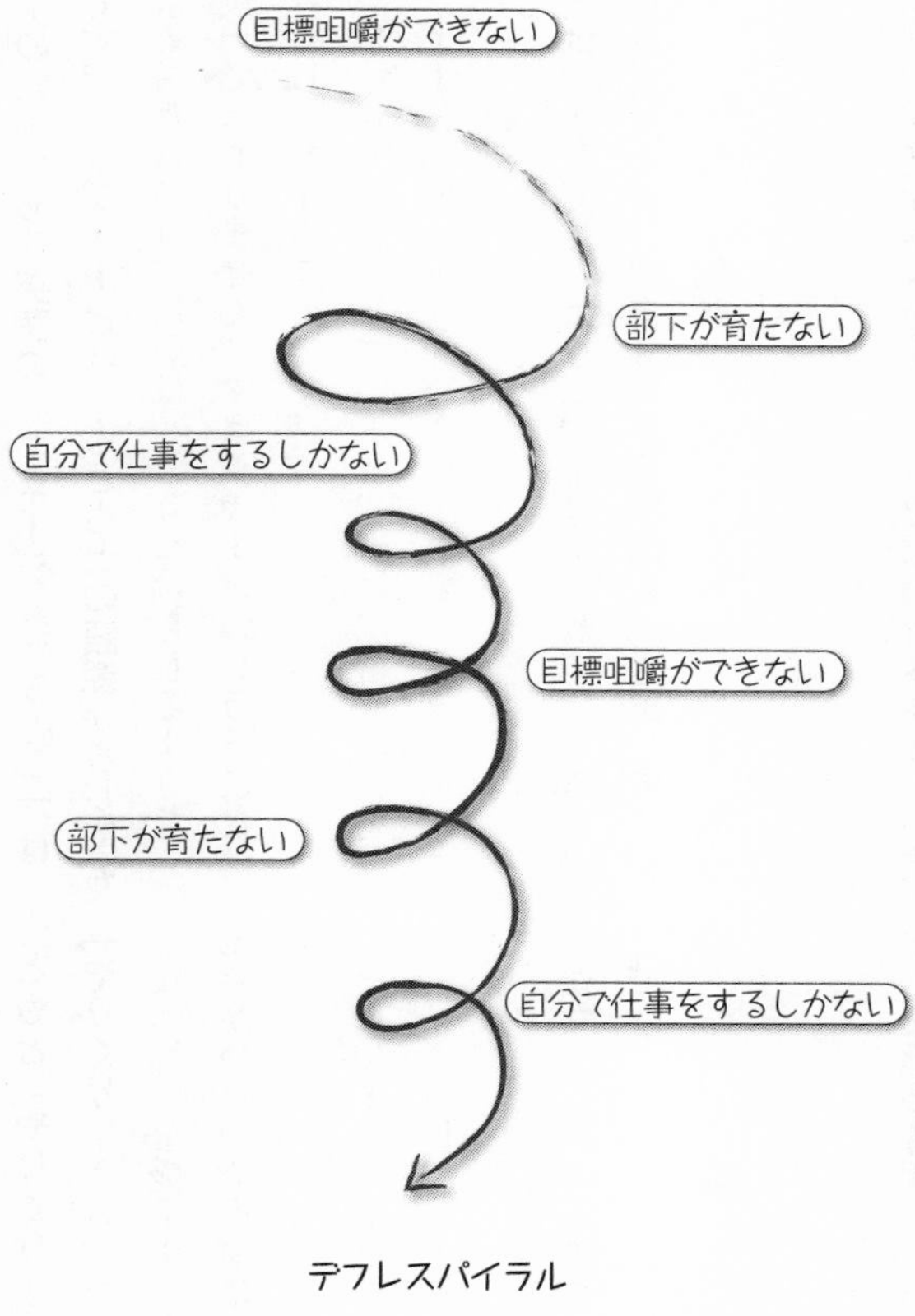

があります。

マネジャーの語源である**英語の「マネージ（manage）」は、もともと「やりくりする」という意味です。マネジャーとは、もともとの語源からしても、「やりくりする人」**なのです。そこで求められるのは、白黒はっきりつけられるような「完璧な回答」を提示するような「問題解決」ではありません。**マネジャーが為しうることは、物事がひとつでも前に進むための「やりくり」をすることです。**

しかし「やりくり」ばかりしていると、時に、自分の軸を見失ったりします。また、程度がさらに進みますと「場当たり的な突貫工事屋・トラブルシューター」に堕してしまう可能性もゼロではありません。

大切なことは、1章で見たように、折りに触れて、日常行ってきたマネジメントのあり方について、振り返りを行い、自分の原理原則を導き出していくことです。また、そのような折りには、巷間に流布する他者のつくったマネジメントの原理原則を学び直すことも必要なことです。

さて本章では、新任マネジャー・駆け出しのマネジャーが抱えがちな挑戦課題について順番に見てきました。

続く4章では、マネジャーが7つの挑戦課題を、どのように乗り越えていけばいいのかを具体的に考察していきます。研究によって蓄積された知見と、各企業で奮闘しているマネジャーたちの語りを見ながら、いかにサバイブしていくか具体的に考察していきましょう。読者の皆さんは、これらの知見や語りから、ぜひ、ご自身のマネジメントスタイルを振り返り、次のアクションをつくるきっかけにしてください。4章で、そのための素材を提供します。

4章で展開される**研究知見や諸データは、挑戦課題への対処法に「骨格」を与えます。一方、現場で働くマネジャーたちの声は、その骨格を「肉づけ」するものです。**読者の皆さんは、理論に触れるとともに、彼ら／彼女らの声に耳を傾け、自分の状況をチェックしながら読み進めてみてください。4章を読みながら、自分の職場・部下・事業について見つめ直すことこそが、1章で述べた振り返り（リフレクション）に他なりませんし、その先にこそ、未来を拓く行動（アクション・テイキング）があります。

もし、お近くに仲間や気の置けない人がいる人は、ぜひ、複数人で4章を読み進め、対話を行ってみてください。そのような中から、さまざまな気づきが生まれることを願います。

第3章 注

1　マネジャーの不安に関する質問項目12項目に対して探索的因子分析を行い、結果として4因子を抽出しました（N=517）。その結果に対して信頼性分析を行い、信頼係数αはいずれもα=.80以上を確認しました。最後に確認的因子分析によって、十分なモデル適合度を確認しました。

2　ＪＰＣ東大調査では、さまざまなカテゴリーで「マネジャーになったときの感情」を分析しています。ここでは詳細に述べませんが、①マネジャーになった年齢と不安の大小には統計的な差異はなく、30代でマネジャーになった人も、40代でマネジャーになった人も、あるいは50代でマネジャーになった人も、抱える不安の大きさは同程度であること、②外国人や年上の部下などの多様な部下を持っているマネジャーほど、ネガティブな感情にとらわれやすいこと、③性別の違いで言うと、女性マネジャーは板挟み不安と業務量増加不安が大きくなる傾向があることなどがわかっています。

特に③に関しては、日本企業ではまだまだ男性社員の方が数が多いため、男性の上司と部下の間に挟まれる女性のミドルマネジャーはつらい立場に立たされがちであることが推察されます。結婚後も働いている女性マネジャーは、仕事と家事の両立を図らなくてはならない場合があり（もちろん、本来は男性も結婚すれば家事を負担すべきなのですが）、そのことが業務量増加不安を引き起こしているのだと考えられます。

3　小田博志（2010）エスノグラフィー入門：〈現場〉を質的研究する，春秋社

4　個人は生きていく上で、「古い状況から抜け出し過渡期のどっちつかずの混乱を経験し、それから新しい状況に向かって前進していく局面」を何度か経験します。それこそが「移行（トランジション）」です。

Bridges, W.（著），倉光修・小林哲郎（訳）(2014) トランジション：人生の転機を活かすために，パンローリング

5　小川憲彦・尾形真実哉（2011）組織社会化，経営行動科学学会（編）経営行動科学ハンドブック，pp. 319-324

6　ＪＰＣ東大調査の分析結果です。マネジャーになったときに直面する課題を問う32項目の質問項目に対して（N=517）、探索的因子分析を行い７因子を抽出しました。信頼係数αはいずれもα=.80以上を確認しました。確認的因子分析を行い、十分なモデルの適合度を得ました。

第3章の振り返り

●マネジャーになった日

マネジャーになることは多くの人にとって圧倒的にポジティブな経験であるが、次の4つのネガティブな感情も存在する。

①目標達成不安、②板挟み不安、③業務量不安、④現場離脱不安

●最初は「揺れる感情」とつきあうこと

マネジャーの感情がポジティブ、ネガティブの間を揺れ動くのは、当然のこと。「揺れる感情」を自らモニタリングしながら、焦らず、あきらめず、少しずつ前進しよう。

●マネジャーの挑戦課題

経験の浅いマネジャーは、次の7つの挑戦課題に直面しがち。

①部下育成、②目標咀嚼、③政治交渉、④多様な人材活用、⑤意思決定、⑥マインド維持、⑦プレマネバランス

●ディレンマをマネージする

マネジャーの業務は矛盾や混沌を抱えているが、日々、仕事を振り返ること（リフレクション）が必要。その際、マネジメントの原理原則を学び直し、自分なりの原理原則を導き出していくことが大切。

第4章　成果を挙げるため、何を為すべきか

――リフレクションとアクション・テイキング

4章では、3章で紹介したマネジャーの7つの挑戦課題に対して、具体的に何をどのように為して、乗り越えていけばいいのかを考えていきます。本章のデータとなるのは、3章同様、さまざまな研究・データの知見と、現場のマネジャーの生の語りです。これらを素材としながら、読者の方々がマネジメントの原理原則について学び、かつ、自らのマネジメントを振り返りつつ、次のアクションをつくることができるように本章をしたためることにします。1章図表2で紹介した「マネジャーのラーニング・スパイラル」はいよいよ本丸の「リフレクション」と「アクション・テイキング」の循環に入っていきます。

挑戦課題① 「部下育成」を克服する：誰を育てるのか？（対象）

まずは、挑戦課題①である「部下育成」について考えます。部下育成はマネジャーが最も苦手意識を持つ傾向があるので、丁寧に行っていきます。大切にしたいポイントは、図表6のように、部下育成の「対象・経験・職場」を整理しながら、そのあり方について考えていくことです。哲学者ルネ・デカルトはその著書『方法序説』において「**困難は分割せよ**」と言いました。**部下育成という難しい挑戦課題も、「対象・経験・職場」の3つに分割して考え**

図表6　部下育成のポイント

① **対象**：誰を育てるのか？

② **経験**：その人の能力を伸ばすために、どんな業務経験を振るのか？

③ **職場**：育成に協力的な職場をつくる

ることで、答えを見いだしやすくなります。以下、この枠組みに準拠しながら、物事を整理していきましょう。

まず**「育成の対象者は誰か？」、すなわち「誰を育てるのか」です**（1．対象）。

部下育成において「誰を育てるのか」という問いを真っ先に述べ始めますと、違和感を覚える人もいるかもしれません。「職場のメンバー全員を育てて、チーム全体の力を向上させるのがマネジャーの役目だろう」と反論する人もいるかもしれません。

けれども、この理想は必ずしも現実には合致しません。なぜなら、マネジャーを取り巻く現実がそのような育成を難しくする可能性が高いからです。

もし、マネジャーが持っている時間や精神的余裕が無限であり、また、すべての部下のキャリア意識や成長意欲が高いのであれば、「誰を育てるのか」という問いは、あまり意味をなしません。しかし現実には、多くのマネジャーの時間や精神的余裕は有限ですし、部下のキャリア意識や成長意欲もまちまちです。ですから、マネジャーはどうしても「誰を育てるのか」という厳しい問いと向き合わなくてはなりません。

もちろん、**マネジャーが職場の長として、メンバー全員の成長を願うのは当然のこと**であり、僕自身も人材開発の研究者として、できるだけ多くの人が仕事にやりがいを見いだし、働きがいを感じられるようになればいいと願っています。

けれども、**企業は学校とは違います。**学校なら、教師はすべての児童や生徒を平等に扱って教育をすべきでしょうが[1]、**企業の場合、マネジャーが持っている時間や精神的余裕をすべての部下に均等に配分することはできません。そのため、中長期のスパンでは、メンバー全員の能力を伸ばすことを「めざすべき地平」としつつも、日々のマネジメントの中では、「今、ここ」のタイミングで、部下の中の誰を優先的に伸ばすのかを決めなくてはならない**のです。

くどいようですが、**理想的にはすべてのメンバーを伸ばしていくことが大切なことです。**ある人に注力する一方、他の人は放置しておけばいい、と言いたいわけでは断じてありません。僕がここで主張したいのは「均等」を過度に理想とすると、マネジャーの負荷が大きくなりすぎて、倒れてしまうといった事態も少なくないということです。**育成といえども、中長期の視点を視野に入れつつ、優先順位（プライオリティ）を決めていくこと、リソースが増えていき状況が許すようになれば、範囲を拡大していくことが大切だと思います。**

この問いに対し、今、仮に図表7のように4象限の図をつくって考えてみましょう。縦軸を「マネジャーから見た部下の伸びしろ（マネジャーの期待）」とし、横軸を「本人の成長意欲」としてみます。すると、部下のタイプは「右腕さん」「もう一歩さん」「次の右腕さん」「粛々さん」の4つに分かれます。「右腕さん」とは「成長意欲が高く、かつ、伸びしろがあるエース級の社員」です。「もう一歩さん」とは「本人の成長意欲はあるのですが、ちょっと能力には期待できない社員」です。「次の右腕さん」は「本人の成長意欲が低いのですが、伸びしろはまだまだありそうだ」と感じる部下です。そして「粛々さん」とは、本人の成長意欲が低く、また伸びしろも期待できないので、粛々と仕事をしていてくれれば、それでいい部下です。

読者の中ですでにマネジャーとして部下を持っている人は、この図を参考に自分の部下を4タイプに分けてみるとよいでしょう。その上で、今、誰を優先的に伸ばすべきかを考えてみてください。誰を伸ばさなければならないのかは、その職場・事業によって違うでしょうから、ここでは一概には言えません。

一般に、自分の部下が思うように育たないとき、多くのマネジャーは「うちの部下は仕事ができない」と考えがちです。しかし、部下の伸びしろや成長意欲は必ずしも「均一」ではありません。十把一絡げに「部下」とくくることはできないのです。**育成に当たっては、まず自分の部下について整理し、現段階では誰に対してどのように育成資源を投下するのか。そして、中長期な観点では、その配分をいかに変えて、職場の能力を高めていくのかを考えていく必要があります。**

このように言うと、「右腕さん」に優先的に育成資源を投下することを考えがちですが、そうした選択すら安易にはできません。すべての行為には、裏と表の効果が存在します。

確かに「右腕さん」はキャリア意識の高い、ハイパフォーマーです。しかし、右腕さんの能力を伸ばすためには、彼らが満足する仕事と、日々のフィードバックを必要とします。彼／彼女を満足させるような仕事は、常に、ゴロゴロしているわけではありませんので、右腕

図表７　部下の４タイプ

部下の伸びしろ（マネジャーの期待）
（高）
次の右腕さん
右腕さん
（低）
（高）
本人の成長意欲
粛々さん
もう一歩さん
（低）

さんを伸ばすためには、そのような仕事や業務をマネジャーが用意しなくてはなりません。また、彼/彼女らは、単に仕事を与えるだけでは満足しません。育てる側のマネジャーにも、それなりの助言指導力が求められます。

次に「次の右腕さん」はどうでしょうか。「次の右腕さん」は、マネジャーから見て伸びしろがあるのにもかかわらず、本人は、それに気づいていないか、あるいは、本人があまり高いキャリア意識を持っていないパターンが考えられます。このような部下には、マネジャーが自らの期待を伝え、より高い付加価値の仕事に挑戦していくよう、促していく必要があります。一方、「もう一歩さん」は「本人の成長意欲は高いものの、すぐには能力の伸びは期待できず」時に「空回り」している可能性があります。そういうときに、マネジャーは、中長期の視点に立って、現有能力に少しだけプラスのある仕事を、無理なく、地道にこなしていくよう、説得することが求められます。最後に「粛々さん」ですが、この部下を大きく伸ばしていくためには、かなりのリソースが求められます。覚悟を決めてそれに取り組むことも一計ですが、一般には、モティベーションを大きくダウンさせないよう、日々の声がけなどを行っていくことが求められます。

このように、今ある状況、そして中長期の職場の状況、かけられる育成資源を鑑み、誰をどのような優先順位で育成するのかを決めることが、第一の課題となります。

マネジャーの皆さんへの問いかけ：効果的な部下育成を為すために①
・マネジャーである皆さんの職場には、どんな部下がいますか？
・部下を十把一絡げに扱っていませんか？
・皆さんは、誰を伸ばそうとしていますか？

挑戦課題①「部下育成」を克服する：どのように育てるのか？（経験）

次に部下育成の2つめのポイント、「その人の能力を伸ばすのに適切な仕事（業務経験）は何か」という問いについて考えます。部下の能力を伸ばしていくため、本人にどのような経験を積んでもらう必要があるかということです。

図表8を見てください。これは、経験から人を学ばせたい場合、そのコンセプトを理解するときに、よく引用される概念図です。[2] この図に見るように、学習者の心理的空間を「**快適**

空間（コンフォートゾーン）」「**挑戦空間（ストレッチゾーン）**」「**混乱空間（パニックゾーン）**」の3つに分けて考えます。

1つめの**快適空間は、学習者にとって何のストレスもない空間、安定が確保されている空間**です。この空間では学習者は未知のものに出会うことはなく、挑戦することもありません。裏返して言えば、この空間では学習は起こりません。

2つめの**挑戦空間は、学習者がさまざまな未知のものと出会い、それらに適応したり対処したりする空間**です。ここでは、英語の「ストレッチ」という言葉が示しているように、学習者には「背伸びや挑戦を含む経験」が付与されます。**背伸びや挑戦は失敗のリスクをともないますが、その中にこそ、学びがあります。**

3つめの「**混乱空間」は、対処が難しすぎる経験が支配する空間**です。ここには高い不確実性と不透明性が広がっており、失敗するリスクが高すぎるため、学習者は冷静さを失い、学ぶこともできません。

さて、このモデルにそって言えば、マネジャーは常に自分の部下の心理的空間を「挑戦空間」にしておく必要があります。みんなが仲良く、のほほんとしており、かつ、たいして難しくない仕事を粛々とこなすような「快適空間」では、人は能力を伸ばすことはできません。

図表８　学習者の心理的空間

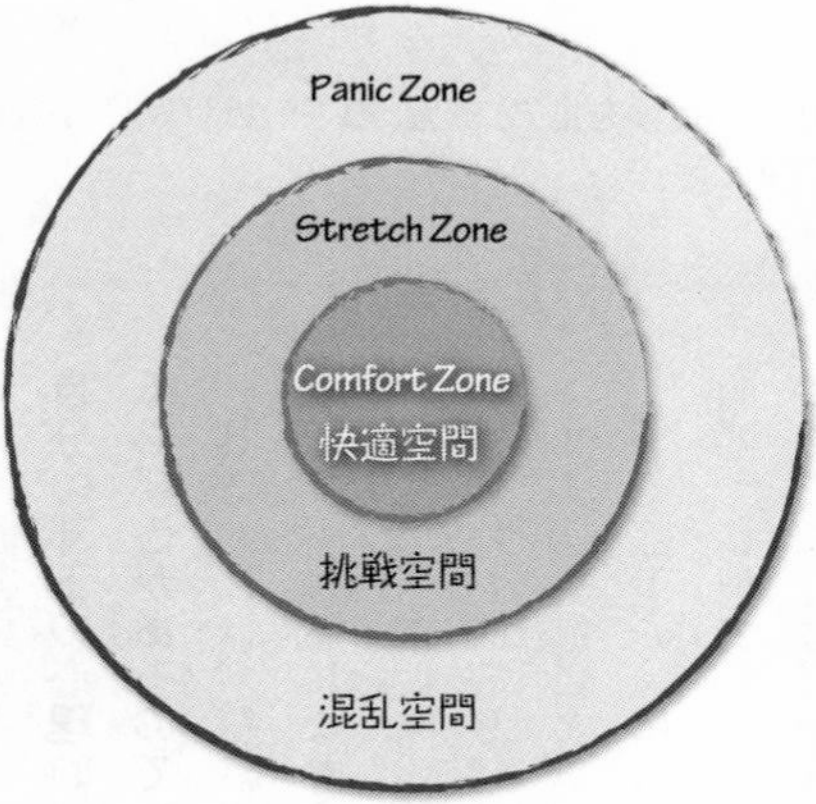

図表9　部下育成を行うための3つのポイント

① 業務内容やめざす目標について部下の腹に落とすこと（≒目標咀嚼）

② 背伸びや挑戦を含む業務経験を与えること（ストレッチ）

③ 仕事の進捗を見て、適宜、部下の振り返り（内省）を促すこと

一方、無理難題を「無茶ぶり」されるような殺伐とした「混乱空間」では、人はパニックを起こしたり、反逆したりするだけです。マネジャーは、**自分の部下の心理的状態を挑戦空間に仕立て上げる必要性があるのです。**

具体的には、組織の成果につながり、部下個人としても挑戦になりうる仕事をマネジャーはデザインしなくてはなりません。その際のマネジャーの役目は、図表9に示した3つがあります。

まず必要なことは、①業務内容やめざす目標について部下の腹に落とすことです。これは「目標咀嚼」に似ているところですので、後で詳述します。ここでは、それは部下育成のための「土台」をつくる行為に似ていることだけ把握してください。

部下が業務内容やめざす目標についてしっかりと納得をしていなければ、その後に、どんな背伸びや挑戦を含む仕事を与えても、部下は納得しないですし、振り返りを促されても奏功しません。

業務内容やめざす目標が腹に落ちていなければ、「背伸びや挑戦を含む仕事」は「無茶ぶり」、「振り返り」は「詰められている」としか思えないでしょう。「納得」をつくりだすことは、かくも重要なことなのです。

次に、図表9の②背伸びや挑戦を含む業務経験を与えること（ストレッチ）です。一見、これは非常に簡単なことのように思えますが、この行為には困難がつきまといます。というのも、部下の能力は形として目に見えるものではないため、どのような仕事を任せれば本人にとってストレッチとなるかは、いったん仕事を任せてみて判断するしかないからです。

部下育成の難しさはそこにあります。マネジャーは、部下の能力と仕事の難易度という2つの「見えないもの」を見て、「部下の現在の能力＝仕事の難易度」ではなく、**「部下の現在の能力＜仕事の難易度」となるようなマッチングを考えて、部下に自分の能力を上回る仕事に挑戦**してもらわなくてはなりません。

実際、「仕事の進捗を見る」という行為は、忍耐を必要とします。それについては、次のように語ったマネジャーがいました。

一番悩むのは、どこまで自分でやるかということ。自分がやるとしたら、先がよく見通せる。部下がやれば、明らかに10倍の時間がかかる。そういう場合でも、自分がやっちゃダメなんだと気づくのに時間がかかった。今はやらないようにしている。むしろ、部下が速く仕事を進められるように環境をつくってあげることが自分の役割だと思っている。

（食品／Eさん）

たとえ自分がやった方が10倍速く終わる仕事であっても、部下に任せる。部下が速く仕事を進められるように環境をつくっていく。食品会社につとめるEさんがそのように自分の役割を転換できるようになるまでには、かなりの忍耐を要したそうです。

最後に、図表9の③仕事の進捗を見て、適宜、部下の振り返り（内省）を促すという行為は、部下に進捗報告を求め、経験の中で生じた出来事を語ってもらうことです。この際、マネジャーに求められているのは、部下が仕事の話をすることを「聞くこと」であり、聞いた後で自分の思っていることを客観的に述べ、部下と対話することです。その逆ではありません。

以下は、それについて語ってくれたマネジャーの声です。

僕は厳しい方だと思うんです。でも、怒鳴ったり詰めたりするから厳しいんじゃない。答えを言わないで、問いかけて、部下の口から自分の言葉が出てくるまで、じっと待つから。根比べです。結局、部下ってのは、自分で口にできて、わかったことしか、できるようにならない。若い頃の僕が、そうだったから。（中略）僕は、記憶する限り、数字で詰めたことはないんですよ。悪い数字に至った行動は詰めるんです。起こったことは詰めない。そんなこと詰められたって、しょうがない。なぜ起こったのかを聞いているんです。

（銀行／Kさん）

銀行で支店長業務に当たっているKさんが、ここで語ってくれたのは、振り返り（内省：リフレクション）に近い内容です。Kさんは「部下の口から自分の言葉で、（出来事や教訓が）語られる」まで、自分は「待つ」と言います。そして「数字（結果）に関して詰める」のではなく、なぜ起こったのかを詰める、と言います。Kさんの語りからは、**プロダクト**

（結果）ではなく、**プロセス（過程）**に対して、**部下が自分の言葉で何かを語ることを待つ姿が見て取れます。**これこそが「振り返り（内省：リフレクション）」です。実際、振り返りは、図表10のような順番で行うとよいと思います。[3]

図表10に見るように振り返りにおいてまず大切なことは「起こった出来事」をしっかり部下が口にすること。「出来事」は多くの場合、トラブルや失敗が多いものですが、そのような出来事のまっただ中では、人はパニックに陥っていて、なかなか事態の詳細については憶えていないものです。まずは、その情景を思い出し、描写することが大切です。もちろん、**振り返りというと、人は失敗場面ばかり思い浮かべてしまいますが、「嬉しいことがあったとき」「成功した体験」ですら、振り返りを行うことは大切です。**

その次に部下が為すべきことは、そのような状況下において、自分が何を考え、どのような思いで、何を為したのかを口にすることです。ケースバイケースですが、この段階でも、しっかりと部下の口から何が起こったのかを聞くことが大切です。もし言葉につまるようでしたら、合いの手をいれてあげることもよいかもしれません。

振り返りの核心とは「本質への気づき」であり、それによる「選択肢の拡大」です。これは、マネジャーと部下との対話の中から「本当は何が起こっていたのか」「何がよくて、何

図表 10　振り返り（内省：リフレクション）のプロセス

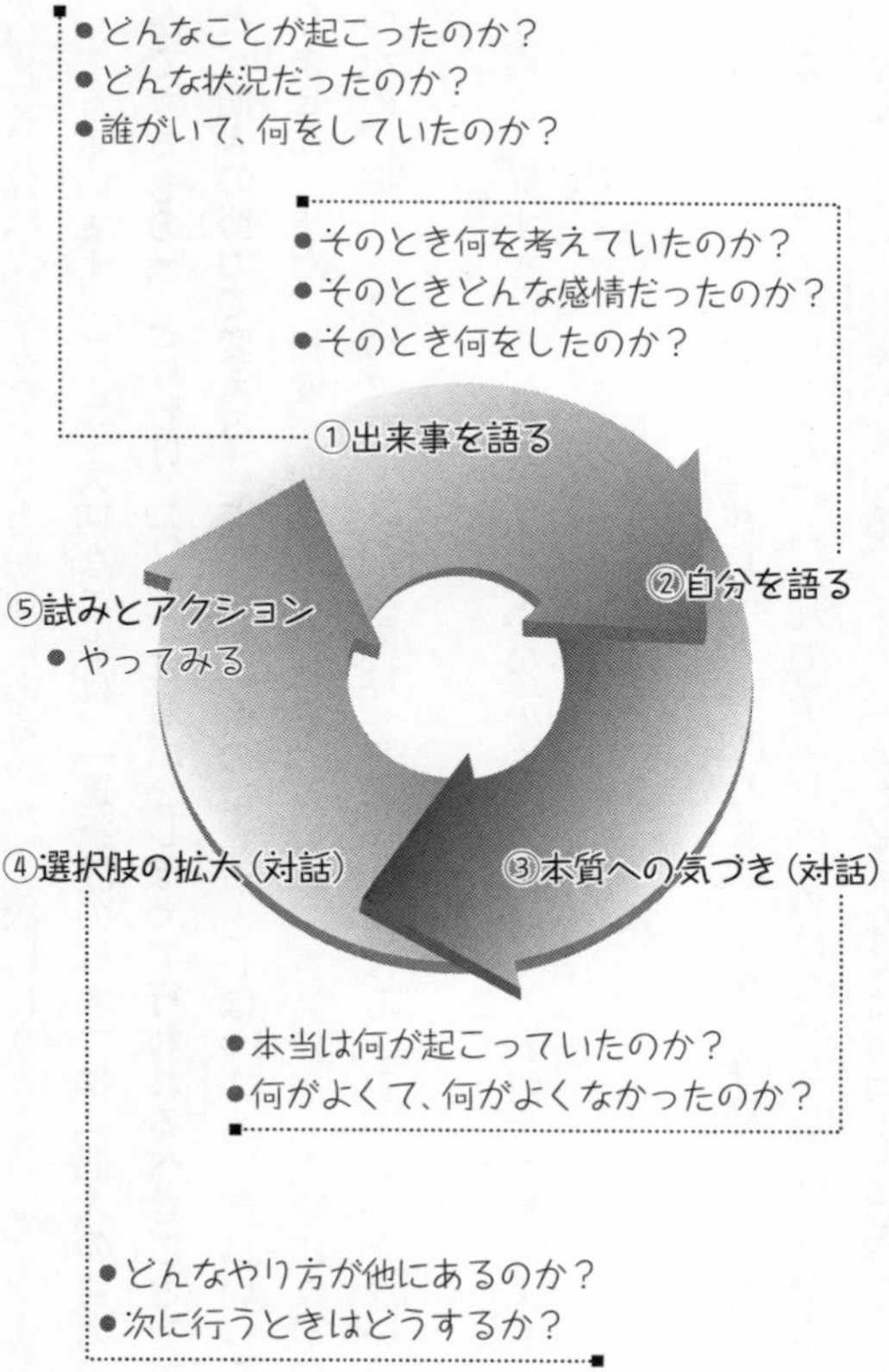
●どんなことが起こったのか？
●どんな状況だったのか？
●誰がいて、何をしていたのか？
●そのとき何を考えていたのか？
●そのときどんな感情だったのか？
●そのとき何をしたのか？
①出来事を語る
②自分を語る
③本質への気づき（対話）
④選択肢の拡大（対話）
⑤試みとアクション
●やってみる
●本当は何が起こっていたのか？
●何がよくて、何がよくなかったのか？
●どんなやり方が他にあるのか？
●次に行うときはどうするか？

が悪かったのか」を考えてみることです。ここでしっかりと気づきを促すことが重要です。「気づき」が得られれば、「どんなやり方が他にあるのか」「次に行うときにはどうするか」を部下に語ってもらいます。**ここで大切なことは、「選択肢の拡大」は「個人の努力で変化させることができるもの」、とりわけ「行動」に焦点をしぼって行われるべきことです。性格や資質など、個人の努力で変えることが難しいものに焦点をしぼっても、話はいっこうに具体的になりません。**また、程度がいきすぎてしまった場合、容易に個人攻撃になってしまいます。そのため、振り返りのプロセスの対象は「行動」にしぼることがよいと思います。[4]

部下に振り返りを促すという行為に関して、次のように話してくれたマネジャーもいました。

みんな、僕が思っている以上に「思い」が強いんです。成果が挙がらないときに、「私はできることはすべてやってきた」「これで挙がらないのはなぜなんだ」と悩んでいる。確かに、やるべきことはやっている。でも、「あと必要なことは何だと思う?」と聞くんです。思いが強い部下には、言葉を自分で探させないといけない。

（銀行／Tさん）

ここで銀行におつとめのT支店長が語っているのは、「思いが強い部下の振り返り」です。仕事に対する思いが強い部下は、マネジャーにとってはありがたい存在かもしれません。しかし、その強い思いが部下から客観的な視点を失わせているときは、「部下に言葉を自分で探させること」が大切だということです。

このように上司の行う**部下育成は、「快適空間」でもなく「混乱空間」でもない、ほどよい挑戦が求められる空間、いわゆる「挑戦空間」をつくること**。その空間においては、①業務内容やめざす目標について部下の腹に落とすこと（＝目標咀嚼）、②背伸びや挑戦を含む業務経験を与えること（ストレッチ）、③仕事の進捗を見て、適宜、部下の振り返り（内省）を促すことが大切だということになります。近年僕の行った実証研究も、このプロセスを支持しています。[5] 図表11は、それを簡略化した概念図です。

マネジャーの皆さんへの問いかけ：効果的な部下育成を為すために②

- 皆さんの部下には「挑戦空間」をつくっていますか?
- 目標を咀嚼したり、進捗管理・振り返りを促していますか?

挑戦課題①「部下育成」を克服する:育成に協力的な職場をつくる

前の項では、上司が部下を育成するために、上司個人として何をしていくべきかを考えました。その要点をまとめれば、上司は、部下と1対1で向き合い、目標を咀嚼し、経験を付与して、振り返りを求めるべきだということになります。これを仮に上司という「点」、部下という「点」の間の育成ということで「点の育成」と呼ぶならば、最後に述べるポイントである「育成に協力的な職場をつくる」は、「『面』による育成」です(図表12)。つまり、職場にいる多様な立場の人(Co-worker)からの助言・指導を含めたさまざまなかかわりを通して、能力は伸びる、ということになります。[6]

たとえば、僕の研究結果によると、人が育つ職場というのは、職場メンバーの間に、図表13のようなかかわりがある職場だということがわかっています。[7]

図表13に見るように、新人や経験の浅いメンバーは「上司という点」だけで育つのでなく、

図表 11　上司が部下の能力を伸ばすためのプロセス

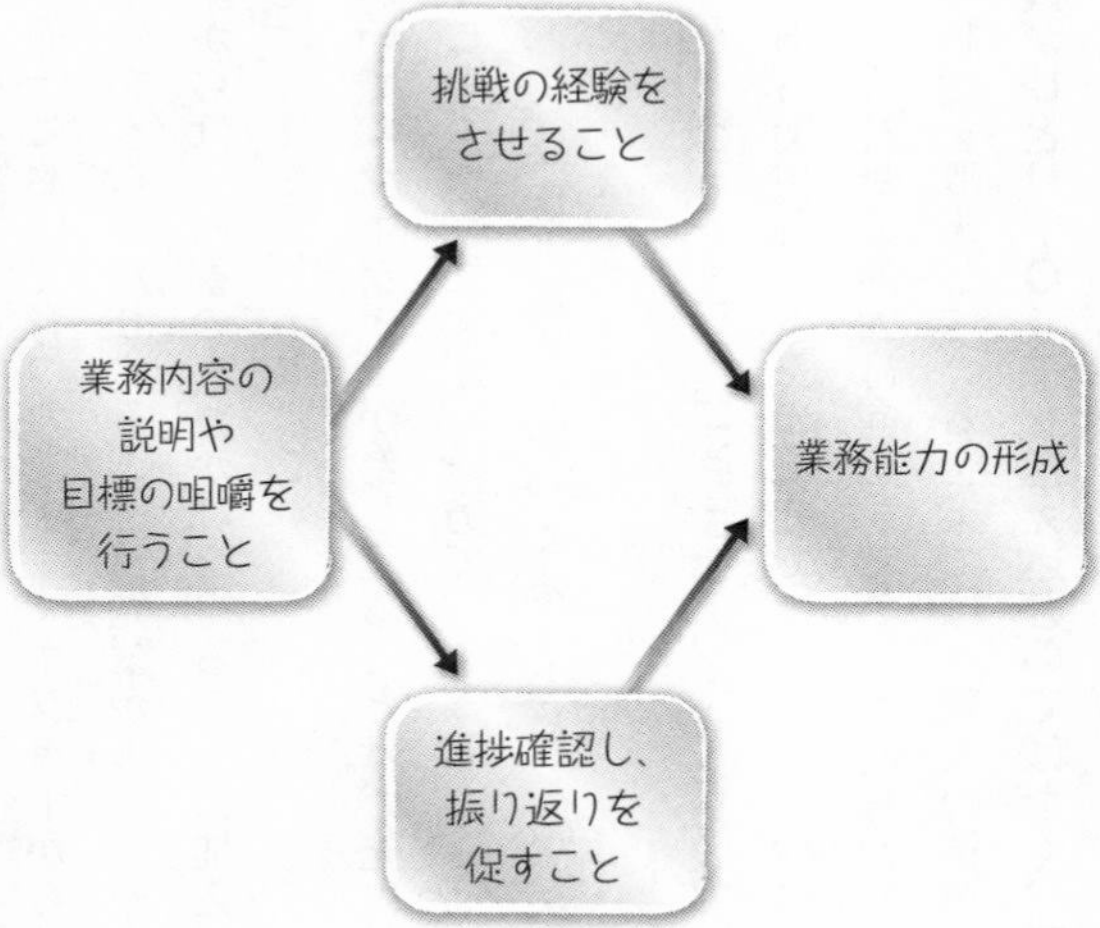

注）20～27歳までの正社員（N=617）をデータとして、中原（2012）で行ったパス解析を簡略化して掲載しています。
モデルGFI=.996 AGFI=.986 CFI=.998
中原淳（2012）経験学習論，東京大学出版会

職場の中のさまざまなメンバー、たとえばマネジャーや先輩や同僚・同期のつながりとかかわりの中で、すなわち「面」において育つのです。マネジャーからは時に励ましなどをもらったり、振り返るきっかけをもらったりすること。先輩からも、やはり振り返りを促されること。そして同僚・同期からは、内省のきっかけを得ることに加えて、細かい業務知識に関して助言・情報提供を受けられることが重要です。

このような状況下において、マネジャーが為しうることは、先に見たように自ら「経験」を振り、振り返りを促すことも大切ですが、一方で、こうした「面＝職場」をつくることが大切になってきます。そして、「面＝職場」をつくることに、最も影響力を持っているのは、マネジャーなのです。

よく似たことは、ＯＪＴ（On the Job Training）のやり方についても言えます。東京大学・中原研究室のＯＢである関根雅泰さんの研究では、ＯＪＴ指導員が、職場メンバーの協力を得て指導するほど、新入社員の能力は向上することが明らかになっています。[8]

通常、ＯＪＴ指導員の制度を導入している企業では、新人の指導をすべて指導員に任せますが、そのように**指導員がひとりでＯＪＴを抱え込むのではなく、職場内外の他の人たちと協調、分散して新人を指導した方が効果は上がるのです。**

図表12 「点による育成」と「面による育成」

（1）「点による育成」：上司－部下間のやりとり

（2）「面による育成」：職場のさまざまな人との
かかわりを通した育成

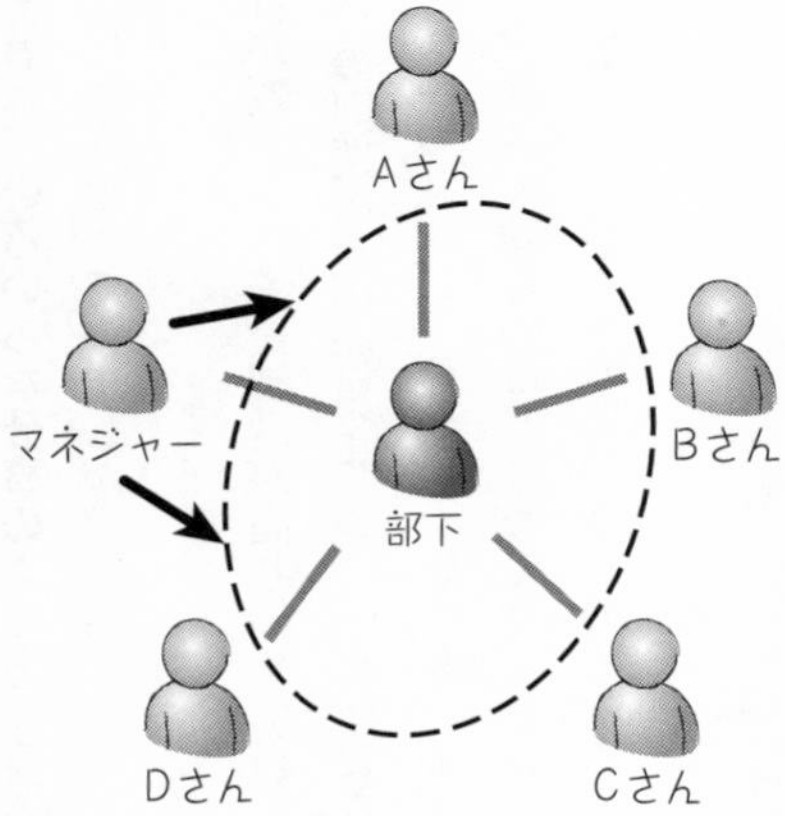

ひとりの指導員にできることは限られていますし、その指導員がすべての領域に精通しているわけでもありません。ですから、**新人にしてみれば、質問できる相手は多いに越したことはありませんし、指導員以外の人との接点があれば、いろいろな仕事のやり方を見る機会が増えます。**そのことについて、あるマネジャーはこう語っていました。

ようやく新卒が採れたんで、1年目を2年目が教える指導員制度が回り始めてね。でも、指導員がひとりで教えるのは無理なんで、その同期の連中が集まって、「束」になって教える態勢ができましたね。(中略)指導員が「ちょっと、俺がいないとき、面倒見てやって」とか。(中略)会社は「教える人」を雇っているわけじゃなくて、社員はみんなそれぞれ仕事をしてる。だから、自発的に教えて新人育成に関与してくれる「第三者」や「第四者」が必要なんだ。

(証券/Uさん)

証券会社で長くマネジャーをつとめるUさんが言う「第三者」「第四者」は、「面」による育成の担い手を指しています。このような職場分散型のOJTは、指導員の負担を軽減するというメリットもあります。マネジャーは、部下育成に当たり、面をつくることを考えなく

図表13　経験の浅いメンバーは「面」で育つ

注）中原淳（2010）『職場学習論』東京大学出版会で得られた、職場の人材育成モデルを模式図として表現しました

てはなりません。具体的には、**新人と最も接点の多い「第二者＝OJT指導員」だけでなく「第三者」「第四者」をどのように育成にかかわらせるかを考えていくことが、とても大切です。**

マネジャーの皆さんへの問いかけ：効果的な部下育成を為すために③
・皆さんの職場には「面」がありますか？　「点」だけで育成しようとしていませんか？
・面をつくる場合、誰と誰をかかわらせますか？　育成の「第三者」「第四者」に心あたりはありますか？

挑戦課題②「目標咀嚼」を克服する

続いてマネジャーが向き合わなければならない第二の挑戦課題、「部下育成」と関連の深い「目標咀嚼」をいかに乗り越えたらいいのかを考えていきます。「目標咀嚼」は、高業績マネジャーとそうでないマネジャーで明確に差が出やすい挑戦課題です。目標咀嚼が機能不全に陥る場合、マネジャーのデフレスパイラルに陥りやすいことは、3章で述べました。「目標咀嚼」という挑戦課題において、マネジャーに求められているのは、たとえて言うならば、**船の行く先を決め、部下を乗船させ、それぞれに役割を与えて、大海に漕ぎだしていくこと**です。つまり、**マネジャーは、誰もが理解できる言葉で目標を示し、部下に納得してもらい、彼らのモティベーションを高めたうえで、部下の行動を引き出さなくてはなりません。**では、そのためにマネジャーは、部下たちとどのようなコミュニケーションを図っていくのがよいのでしょうか。

まず、真っ先に指摘しなければならないことは、目標咀嚼において求められる「コミュニケーションの内実」についてです。

一般的に、コミュニケーション理論では、情報のやりとりが為される時には、「出し手」と「受け手」がいると考えます。そして、両者の間には、中が「がらんどう」になっている「パイプ」があると想定します。コミュニケーションとは、次ページの写真のように「出し手」から「受け手」に対して、ノイズをのせることなく、明瞭に情報を伝達することだと考えられます。[9]

組織の目標をそのまま部下に伝えてはいけない

しかし、マネジャーと部下間の目標咀嚼においてて求められているコミュニケーションとは、誤解を恐れず断言するのであれば、このようなものでは「ありません」[10]。マネジャー**は写真に見るように、「自分」と「部下」との間に「パイプ」をつくってはいけないのです。会社や組織の目標や戦略を、そっくり「そのまま」職場の部下に伝えるのがマネジャーの仕事だと考えるのは誤りです。**

むしろ、**マネジャーの役割は「翻訳機」**なのです。**マネジャーは「がらんどう」のパイプをつくるのではなく、情報を加工し、翻訳を行わなければなりません。上から会社が伝えてきた情報を加工・翻訳し、下に自分の言葉でわかりやすく伝える。**それがマネジャーに求められることなのです。それについて、あるマネジャーは次のように語っています。

会社が、なんで、私らみたいな、マネジャーに、カネはらってるか、考えたら、そらわかりますわ。（中略）マネジャーが「立て板」に水っちゅうか、そら、右からきたもん、左に流し、左からきたもん、右に流すんやったら、そら、マネジャーいらんですやん。（中略）会社が、直接、従業員に言うたらええですやん。マネジャーに期待されてるのは「翻訳機」ですわ。（中略）現場には、いろんな人がいるんですわ。メッセージを、かんでふくめて、わかりやすく伝えるんです。わかりやすくです。（銀行／Kさん）

銀行におつとめのKさんの会話の中には「立て板」と「翻訳機」という2つの拮抗するメタファがでてきています。ここで「立て板」にたとえられているものが、先に述べた「パイプ」のようなコミュニケーション観です。「立て板」は（本来の意味は「弁舌がスラスラして淀みのない様」ですが、ここでは転じて）上からでてきたものを、下に落とすだけ。右からきたものを左に流すだけ。そういうものならば、Kさんは「マネジャーいらんですやん。会社が、直接、従業員に言うたらええですやん」と述べています。

むしろ、**マネジャーに求められているのは、翻訳機としての役割、すなわち、上の意向を解釈して、下にわかりやすく伝えることです。**

同様のことを次のように話したマネジャーもいました。

（いつも心がけているのは）会社の方針だからとか、社長が言っていたからとか、副社長が言っていたからとか、そういう言い方で伝えると部下は納得しないんですね。「何のために」を、なるべく自分の言葉で伝えることをいつも心がける。（流通／Aさん）

ここで流通業の企業におつとめのAマネジャーがおっしゃっていることは、先ほどのKさんがおっしゃっていることに近似しています。「社長が言っていたから」「副社長が言っていたから」というふうに、上から下にそのまま伝えると、「部下は納得しない」とAさんは言います。そうではなく、Aさんが行っていることは、「何のために」の部分を自分の言葉で伝えることです。

こうしたマネジャーに求められる資質は、「翻訳機」あるいは「通訳」と言ってもいいでしょうが、それでは、どのように目標を咀嚼すればいいのでしょうか。

ぜひ意識したいことは、職場メンバーに同じ船に乗ってもらうための「ポジティブ・ストーリーをつくること」です。[11]「ポジティブ・ストーリーをつくること」とは、

1. 私たちとは今、どのような状態にあるのか？　環境はどのような状況なのか？
2. 短期的／中期的／長期的には、何を達成するのか？
3. 最後にどのようなポジティブな世界が広がっているか？

を考え、職場のメンバーにわかるように、自分たちが進むべき方向をポジティブに編み直し、メンバーに繰り返し伝えていくことです。

たとえば、今、ある営業部につとめるマネジャーが組織から目標を与えられたとします。マネジャーになれば、会社は目標しか示さないものです。あるマネジャーは、この状況を次のように語ります。

（マネジャーになったら）「指示がない」んです。あるのは「目標数字」だけ。スキームも、まったく決まっていない中、やらなくてはならない。

（銀行　Ｙさん）

ここでYさんの述べる「指示がない」という世界が、僕たちの現在の置かれている状況です。そして、ここからがマネジャーの腕の見せどころです。

まず最も避けなければならないのは、先ほどにも述べましたように、自らを「パイプ」にしてしまうことです。この「前年比の売り上げ10％増」という目標を「そのまま」部下に伝えてしまっては、「マネジャーがいる意味」がありません。会社の目標は口にしてもよいのですが、これを「部下に咀嚼させること」が大切になります。それではそれを可能にするポジティブ・ストーリーを、どのようにつくりうるでしょうか。

まず、「私たちは今、どのような状態にあるのか？」「環境はどのような状況なのか？」を考えます。

今回会社は「前年比10％増」の目標を掲げてきましたが、実は、その前年にも同じような目標を掲げてきました。このような状況では、メンバーの間にはかなり疲弊感が漂っていることも予想されます。よって、まずはこれまでの健闘をほめたたえ、承認することから始めます。しかし、一方で、環境はどのような状況になっているのかも分析します。

例えば「うちのチームは、昨年は営業スタイルを大幅に見直して、売り上げを大いに伸ばしてくれました。その健闘は素晴らしいもので、ぜひ、引き続き尽力していただきたい」と言います。しかし、同時にこうも付け加えます。「皆さんの尽力を、私は非常に誇らしく思っているものの、競合他社があらわれ、私たちの成功を脅かしつつあります」。つまり環境が変わりつつあることを述べます。現実に向き合うことは、何かを変える上で、最も大切なことのひとつです。

次に行うべきことは「短期的／中期的／長期的には、何を達成するのか」です。目標設定の「前年比10％増」をどのような〝打ち手〟（施策・手段）で達成するのか。そこをどのように乗り越えるのかについて、マネジャーの方針を伝えます。

例えば、こんな会話もありえるでしょう。

「まず短期的には、エリアの拡大を狙おう。現在、誰がどのようなエリアを担当しているのかをもう一度〝棚卸し〟して、効率的にエリアをカバーする方法を考えよう。自分の考えでは、今のうちのチームのエリア担当には、重複が見られるような気がするが、これについては皆で話し合って決めよう。半年先の中期的には、新しいエリア担当を軌道にのせよう。1年後の長期には、エリアの重複をとりのぞいた分を、新規エリア開発に割り当てて、さらなる顧客拡大をめざし、目標を達成しよう」という具合です。

ここで大切になってくることは、マネジャーが「短期的／中期的／長期的には、何を達成

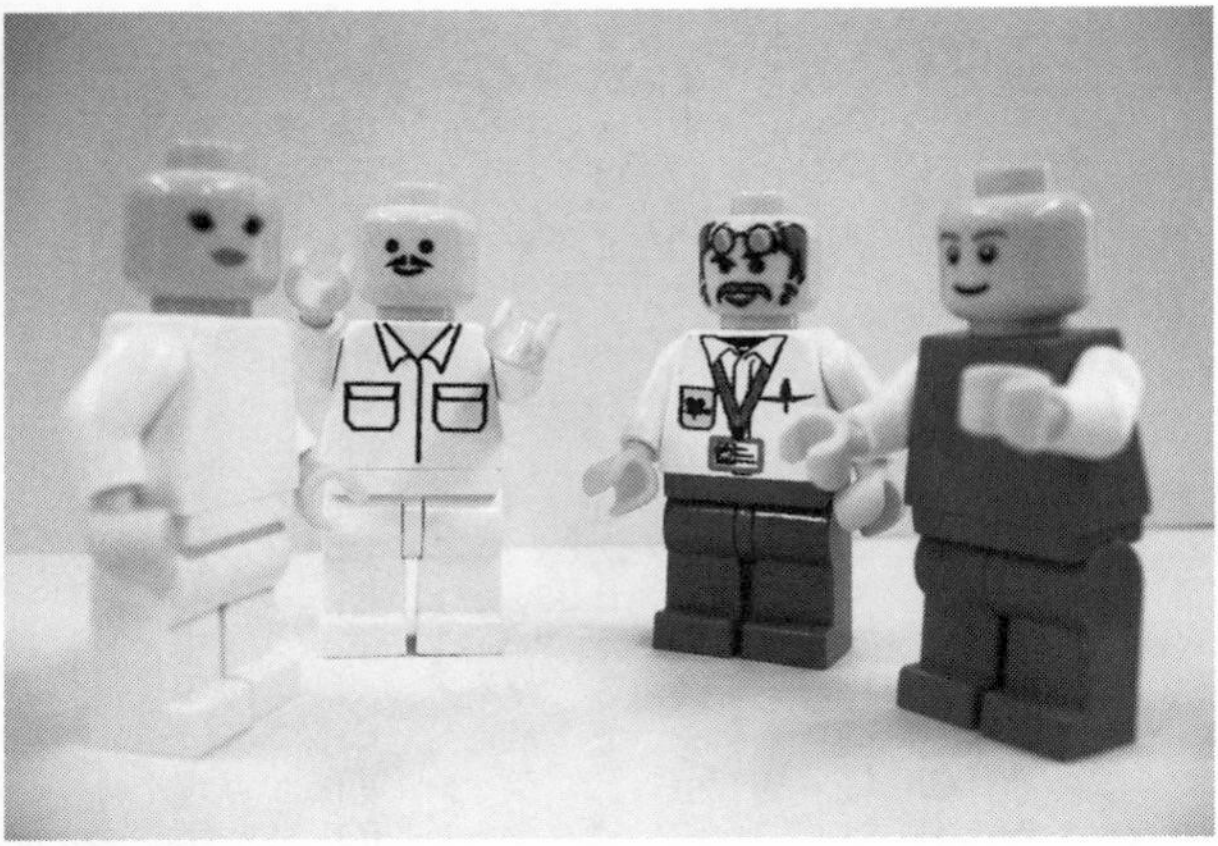

「対話空間」を残しておこう

するのか」についての大枠を語りつつも、そこに**「部下も参加できる対話空間」**を残しておくことです。**部下が「未来の納得解」を得るためには、自分たちが対話し、その対話の内容が方針に反映されている、自分たちがそれを決めたのだ、という感覚を持つことが大切**になります。

よって「対話空間」はしっかり残しておくことが大切だと思います。**「対話空間」は広すぎても、狭すぎてもいけません。**そして**「対話」の後には、しっかりと「決めること」が大切になります。**[12]この段になってマネジャーが為すべきことは**「メンバーに言いたい放題言わせておき、何も決めないこと」ではありません。**むしろ「何か」を決める前に、メンバーの認識や前提をいったん共有して、相互の認識を確認した上で、「何か」をしっかり決めることです。

最後に述べることは**「最後にどのようなポジティブな世界が広がっているか」**です。たとえば、「昨年行った営業スタイルの変更と、エリアの見直しは相乗効果を生むこともありうるだろう。たとえば、これまでうちの顧客には成りえなかった富裕者層が新しいエリアには存在するため、そうした顧客と関係づくりを行うこともできるかもしれない。そうすれば、110％以上の目標を達成できるかもしれない。今日話した内容を大枠として、皆で知恵を出し合って、決めて、この目標を達成しよう」ということです。

かくして、マネジャーは自らがパイプになるのではなく、会社の目標をわかりやすく、咀嚼していきます。目標咀嚼は、職場の業績を達成する上でも、部下を育成する上でも、最も「基盤」となる行為です。そして、多くの場合、**それは「繰り返し」行わなくてはなりません。目標を「伝えること」は「咀嚼」を1回行ったくらいでは実現が難しいものです。**なぜなら、**ビジネスにおいて「伝えること」とは「マネジャーが言葉を口にすること」ではなく、⑴マネジャーが口にしたことがメンバーに理解され、⑵腹に落ち、⑶さらには実行されること」**を意味するからです。この長い多段にわたるプロセスを乗り越えるためには、「繰り返し」が必要になることは言うまでもありません。

この様子は、さしずめ同じメロディを繰り返し奏でるオルゴールのようなものです。また別のマネジャーは、この「繰り返し」を下記のように語っています。

（目標をめざすためには）同じことを、なんべんも、なんべんも、言い続けることが大事なんです。でも、同じことを同じように言うんじゃなく、言い方を変えて言い続けることなんです。言葉でも言うし、ペーパーでも渡すんです。ペーパーに書いても、僕の書いてることは、よく見ると、同じ話なんです。そんだけ、かんでふくめな、あかんのです。

（銀行・K）

Kさんが語っていることは、「繰り返し」の大切さです。興味深いのは、Kさんは、単に、職場の目標を繰り返し述べているだけではなく**「言い方」を変えたり、「ペーパー（書類）」にしたりするなどして、同じ話を、変化をつけて繰り返し表現していること**です。

このように「目標咀嚼」とは長い時間のかかるものです。それは期初に、マネジャーが部下を呼んで行うような「**イベント**」ではありません。「**目標咀嚼**」とは、日常において繰り返し行われる「**プロセス**」なのです。

マネジャーの皆さんへの問いかけ：目標をメンバーの腹に落とすために
- 皆さんはパイプになっていませんか？
- 部下へ翻訳を行うとき、ポジティブなストーリーを繰り返し語っていますか？

挑戦課題③「政治交渉」を克服する〈上司編〉

さて、僕たちはここまで3つの挑戦課題のうち、「部下育成」と「目標咀嚼」について見てきました。次に「政治交渉」という課題について考えることにしましょう。1章や3章で見たように、マネジャーは部門内部をマネジメントしつつ、部門の代表者、ないしは「連絡屋」「決定屋」として組織内のさまざまなステークホルダーを相手に交渉を行います。その際にマネジャーが対峙するのは、自分よりも上にいるマネジャー（部長・役員など）、他部門を統括するマネジャーであったりします。これらについて順に考えていきましょう。

まず、自分よりも上位者のマネジャーと交渉を行う際には、何が必要でしょうか。本書では先行研究を踏まえ、[13]次の3つが大切であると考えます。

1. ボスの理解
2. ボスとの関係構築
3. 段取りをふんだロジック

端的に述べるのであれば、**交渉相手であるボスの個人的資質をよく知り、ともにメリットが享受できるような関係をまずは築くこと。その上で、ボスを動かすような「段取りをふんだロジック」をつくりだすことが大切です。**

もう少しわかりやすく説明しましょう。

まず1の「ボスの理解」とは何でしょうか。「ボスの理解」とは、上位者と自分自身の、仕事上の強みや弱み、ワークスタイル、ニーズをアセスメント（評価）し、理解することです。そして、それらの情報に基づいて、仕事上の健全な関係をボスとの間に築くこと、すなわち両者のワークスタイルや長所をそれぞれ尊重しながら、それぞれの期待を互いに理解し合い、それぞれが最も重視するニーズに応え合う関係を築き、管理することが、「ボスとの関係の構築」になります。

例えば、図表14の「簡単整理表14」に上位者と自分が置かれている状況を書き出してみるとどのようになるでしょうか。多くの人は、「自分のボスが誰か」は知っていますが、「彼／彼女がどのような人物であるか」また「彼／彼女がどのような利害関係の中に置かれているか」は、あらためて考えてはいないものです。

そして、このようにして抽出した情報をもとに、上司と自分の間に、相互のニーズに合い、なおかつ信頼でつながれた関係をつくり、維持するのです。関係づくりを急ぐあまり、それぞれの置かれた立場についての分析を怠ってしまうと、効果的なアクションをとることはできません。

たとえば、最もわかりやすい例として、ワークスタイルの違いが挙げられます。たとえば、今仮に、あなたのボスは「朝早く起きて、会社にきて、なるべく早く帰宅する」というワークスタイルを持っているとします。これに対して、あなたが「就業時間通りに出社し、残業をするのも厭わない」というワークスタイルを価値観として持っているとします。こうしたワークスタイルの違いによって、時にコミュニケーションに齟齬《そご》が生まれ、関係がうまくいかなかったとしたら、この場合は、相手に変わってもらうことは期待できないので、あなたが変わらなければなりません。

いずれにしても、**最も大切なことは「相手を知ることを通して、関係をつくること」**です。このことに関して、次のように語ったマネジャーがいます。

上長が替わったときは、最初は恐る恐る見ますよ。どんな人なのか、何を求めているのか、どこに落とし穴があるのか、あと、お手並み拝見。（中略）上長が変わることはないでしょ。こっちがうまく落としどころを見つけてやるしかない。（金融／Uさん）

Uさんの言う「恐る恐る見ること」と「こっちがうまく落としどころを見つけること」が、新たなボスに出会った時にもっとも為すべきことです。これが先ほど述べた「ボスの理解」と「ボスとの関係構築」にほかなりません。

ボスを知り、関係ができ始めたら、次に大切になってくることは、「**段取りをふんだ客観的なロジックをつくること**」です。多くのマネジャーは、ボスを動かすことについて「**段取り**」と「**ロジックづくり**」という実践知を駆使しています。

図表14 「ボスの理解」のための簡単整理表

	ボス	自分	一致／不一致
1. 目標や目的			
2. 強みと弱み			
3. 好むワークスタイル			
4. 利害関係			

たとえば電力業界におつとめのOさんはこう言います。

上司にジャッジしてもらいたいことにはタイミングがあり、その前にどれだけ情報を入れておけるかで決まりますね。いきなり情報をたくさんもっていっても、判断してもらえない。（中略）要するに段取りの話。

（電力／Oさん）

ここでOさんが述べているのは、上司が判断しやすいように、少しずつ情報をインプットしておくことです。このことをOさんは「段取り」と呼んでいます。この「段取り」という言葉は、この問題を語る時にマネジャーの多くが口にすることです。新任マネジャーないしは駆け出しマネジャーはぜひ留意したいものです。

それでは「段取り」の次には何が必要でしょうか。ここで必要に求められるのが「ロジック」です。**ボスを動かすためには、「ロジック」が必要なのです。**そのことを食品メーカーにおつとめのSさんは、下記のように語ります。

管理職は、部下への情では動かないよ。結局、2つ。会社にとってメリットがあるかどうか。（中略）自分の配下にメリットが生じるか？（中略）この２つを意識して、ロジックをつくる。

（食品メーカー／Ｓさん）

ここでＳさんが述べているのは、ロジックには２つあるということです。１つは最も重要な論理である「会社にとってメリットがあるかどうか？」。管理職は「情で動く」のではなく、この論理で動きます。そして、さらに大切なのは、その施策を実行した上で、「自分の担当する職場に利益が生まれるか？」です。

マネジャーの皆さんへの問いかけ：ボス・マネジメントを為すために
- 皆さんのボスはどのようなタイプですか？　あなたとどのような違いがありますか？
- ボスに提案するとき段取りとロジックを意識していますか？

挑戦課題③「政治交渉」を克服する〈他部門編〉

さて、前項では「政治交渉」のうち、特に上位者に対する政治的やりとりについて考えてきました。この考え方は一部、他部門との政治交渉においても応用できます。他部門の長と交渉する時には、次のプロセスが大切になります。

1. 他部門(他部門の長)の現状理解
2. 他部門(他部門の長)との関係構築
3. 「数字」と「錦の御旗」の提示

「他部門の現状理解」とは、先のボスの時と同じように、他部門の目標や目的、そして置かれている事業環境、さらには持っている強み(中核技術や人材など)や弱み(現在の事業においては不足している部分)の現状を理解し、それを自部門と関係づけることです。情報に基づいて、仕事上の関係づくりを日常から行っておくことが「他部門との関係構築」になります。しかし、上司の場合でもそうであったように、他部門も「情」だけでは動きません。

「数字=他部門にとってのメリットを冷静に提示すること」と「錦の御旗=会社全体のこと

を考え、ひと汗かかないかという思い」を使って、動かしていくことが求められます。

この後、一つひとつをより詳細に見ていきます。

まず初めに為すべきことは、ボスマネジメントと同様「現状の理解」です。図表15の「簡単整理表」にあるように、他部門と自部門の置かれている状況をアセスメントしていきます。他部門とつきあう際に、やみくもにリソースを求めたり、協業を迫ったりしても、まずうまくいきません。大切なことは、「**メリットを相互にもたらせる相手としっかり組む**」ことです。そのためには、現状の分析が、どうしても必要になります。

このように他部門を理解した上で、次に必要になるのは、日常における、地道な信頼関係の構築作業です。たとえば、次のような地道な努力を通じて「他部門（他部門の長）との関係構築」を進める必要があります。

本社に行ったときは、メインの目的は別にあっても、いろいろな部署に顔を出すようにしています。（中略）仕事の話も、仕事と関係のない話も、時に応じてするようにしています。でも、これが後になって思うと、すごく効いている。いざというとき、難しい相談をしやすいんです。

（食品／Fさん）

おしり（期限）が迫ってきて、（そこから）他部門を巻き込まなくてはならなくなってから巻き込んでも、遅いですよ。ふだんから接点をつくって、味方に巻き込んでおく。顔を出して味方を増やしておくんです。

（ＩＴ／Ｈさん）

自分は、それを「遊泳」と呼んでます。なんてことはない（中略）他の部門やら、違うフロアにプラプラっと出かけたりするんですよ。（中略）そしたら、感じてきますな。あ、この部門、課長替わって、最近調子えーな、とか。ふだんからそれやってると、いざという時、相手のことがわかってるんで、下手なところに話をもって行きませんね。

（金融／Ｏさん）

食品業界におつとめのＦさん、ＩＴ業界でマネジャーとして働くＨさん、そして金融企業で課長をつとめるＯさん、いずれの言葉にも共通するのは、**「日常的な関係構築行動」**です。用事がなくても、ふだん他部門と接触し、情報を収集し、関係を築いている様子が伝わってきます。**「他部門を巻き込まなくてはならなくなってから巻き込んでも、遅いです」**とい

図表 15　他部門・自部門を把握するための簡単整理表

	他部門	自部門	一致／不一致
□ 目標や目的			
□ 事業環境			
□強みや弱み			

う言葉にあるように、関係を深めなければならなくなってから、事を起こしても、遅いことが多いのです。「いざという時、難しい相談がしやすくなるよう」、日常的な関係構築を行っておく必要があります。

しかし、一方で、他部門もボス同様、「情」だけでは動きません。他部門を動かすためには、まずは「数字」が必要になります。この様子を、食品会社におつとめのFさんは、下記のように語ります。

他部門との交渉では、自分が信じているものを曲げないでいることが大切です。そうしないと、関係者が多い場合、ブレますね。後は、ある程度、論理的に説明することですね。気持ちだけでは他部門は動かない。精神論ではなく、数字も用いながら、なぜ必要なのかをロジックを使って説明していくことですね。

（食品／Fさん）

ここでFさんが述べていることは、他部門を説得する際の「論理的に説明すること」の大切さです。繰り返しになりますが、「気持ちだけでは他部門は動かない」という言葉にあるように「精神論」だけでは他部門は動きません。必要に応じて、「数字」も用いながら、「なぜ必要なのかをロジックを使って説明していくこと」が求められますし、いろいろな利害関係の中で、「自分が信じているものを曲げないでいること」も求められるものです。

そして数字に加えて必要になるのが「錦の御旗」です。これに関して、金融業界におつとめのOさんは、下記のように語ります。

これ、だされたら汗かかなしゃーないな、という「旗」が交渉には必要なんですわ。（中略）まずは数字もでるがな、大丈夫や、というわけですな。で、これ、やらな、会社のためや、しゃーないわという旗をだす。

（金融／Oさん）

ここでOさんが述べているのは、「数字」だけでは他部門が動かないこともあるということです。そこには、もう「ひと押し」必要なこともある。**それが、Oさんのたとえですと「旗」になります。ここでOさんが「旗」と言っているのは、どの部門でも否定できない「会社のため」という「施策の意味づけ」**です。これを出されてしまったのなら、**他部門も「一緒に汗をかかなしゃーないな」と思えるような「錦の御旗」が、交渉においては必要と**

なる局面もあります。より具体的に言えば、「会社のことを考えて、ともに一緒に頑張ろう」というかたちで、熱い思いをもって他部門の長を説得する必要があるということです。

さて、以上、「政治交渉」を見てきました。政治交渉の挑戦課題は、「目標咀嚼」と連動して、職場業績に強い影響を与えることがわかっています。最初はなかなかできないかもしれませんが、「政治交渉」という複雑な課題を、より小さな課題に分割して乗り越えていくことが大切です。

マネジャーの皆さんへの問いかけ：他部門を動かすために
- 他部門と交渉・調整を行う前に、他部門を理解していますか？
- 他部門とは日常的な関係構築を行っていますか？
- 他部門を説得する数字と錦の御旗とは、自分の文脈では何でしょうか？

挑戦課題④「多様な人材活用」を克服する〈年上の部下／パート・派遣社員編〉

次に「多様な人材の活用」に話を進めましょう。ここで「多様な」とあえて述べているのは、２章で見たように昨今の職場は「日本人・正社員・男性」ばかりではなくなりつつあるからです。現代の職場は、年上の部下、パート・派遣社員、外国人、中途採用社員など、異なる雇用形態とキャリアを持った多種多様な人々が働く場になりつつあります。しかし、これらの社員に関する対応は、挑戦課題①で見た「部下育成」の内容と全然異なるかというとそうではありません。いくら「多様な」と言っても、各人に対して、オーダーメイドの個別対応が必要かというとそうではありません。**異なる雇用形態、キャリアと言っても、同じ「部下」ですので、対応の原理原則の大枠はそれほど変わりません。ただし、部下対応に関するする「中核的な考え」は共通するものの、それぞれ各人の社会背景・社会属性に応じて、留意するべきポイントが異なってきます。**

ここでは、多くのマネジャーが苦手意識を持ちやすい「年上の部下」「パート・派遣社員」「中途採用社員」「外国人」の人材活用に焦点をしぼって、マネジャーの多くがどのような対処を行っているかを考えていきましょう。

まず特に経験の浅いマネジャーの多くが苦手意識を持ちやすいのは、「年上の部下」です。このことからまずは考えていきましょう。

年上の部下に対して、マネジャーたちが留意しているのは、おおよそ3点に整理することができます。それは**「年長者へのリスペクト」「役割として接すること」「職場のパワーバランスを利用すること」**です。

まず「年長者へのリスペクト」とは「人生の先輩として、相手の経歴や経験に敬意を払う」ということです。たとえば、電機メーカーにおつとめのTさんは、下記のように答えます。

年上の部下と話す時は、経歴や経験を尊重していったん相手を立てます。

（電機／Tさん）

ここでTさんが述べるように、**年長者には、自分にはない経歴や経験があります。まずは、この部分をしっかりと受け止め、敬意を払うことが重要になります。**「まずは相手を立てること」は、年長者とつきあうときに重要なポイントとなります。いくら「自分はマネジャー、相手は部下だから」といって、年長者である相手の経歴や経験をないがしろにしたり、無下にしたりすることは、あまり賢い対応とは言えないかもしれません。

しかし、**マネジメントの実務では「相手の経歴や経験」を常に立て続けることができないのもまた事実**です。どうしても言わなければならないことは言わなければなりませんし、やってもらわなくてはならないことは、しっかり伝えなければなりません。そうした場合、どのように振る舞えばいいでしょうか。ここで**多くのマネジャーが実践している対処法は「役割として接すること」**です。鉄鋼メーカーにつとめるOさんの語りからは、このことが見てとれます。

年上の部下には、まっすぐに言わないようにしています。いったんは相手を立てますね。それでも御理解いただけないようなら、「気持ちはわかるけど、自分としては、立場上、こう言わざるをえない」という物言いをします。そこは絶対に曲げません。

（鉄鋼／Oさん）

ここで留意したいことは、**年長者に指示するときに、「権力を有する上司」と「権力に従う部下」という関係で接するのではなく、「立場・役割上、指示をする人」と「立場・役割上、指示を受ける人」という考え方を常に頭に置き、指示を出すことです。**Oさんが言うように、いくら「人生の先輩」であったとしても、「ご理解いただけない」場合には、「気持ちはわかるけど、自分としては、立場上、こう言わざるをえない」とするのです。そのことに戸惑う必要はありません。なぜなら、この部分を「曲げて」、相手に迎合してしまうと、「**年長者の言いたい放題」になってしまい、さらにはその悪影響は職場に蔓延します。**

（だめな）年長者をのさばらせておくと、他の人たちが腐る。

（製造／Aさん）

前記の語りでは、年長者への対応をあやまり「のさばらせておくと」、職場の雰囲気や他の職場メンバーにも悪影響をもたらすことが述べられています。

このように年長者への対応の難しさは、「経歴や経験はリスペクト」しつつも、「言わなければならないことを毅然として告げること」のバランスが非常に難しいことです。この微妙なさじ加減こそが、年長者への対応の難しさの根源です。北川達夫さん、平田オリザさんは著書『ニッポンには対話がない』の中で、日本の中高年の男性の持つ権威性、そして、「経験の絶対化」に対して警鐘を鳴らしています。[15]

本当にダメなのが、中高年の男性たちです。これが一番対話下手。今流行している言葉でいうと、「上から目線」で「そんなことはないだろう」とか、「君は若いからわからないかもしれないが」と言ってしまう。若い人たちの意見を押さえつけるためだけの発言をするんです。（中略）ちょっと単純化しすぎかもしれないですけど、そういう部分って、非常に大きいんですね。今の中高年の方というのも、その知識とか、経験の優位の中で意見が言えるんだって思ってしまっている。どうしても、自分の知識と経験というのは、絶対化しやすいので、「自分はこれだけの経験をしてきているんだから、その経験をしてきていないおまえにはわからん」という態度になってしまって。特に経験というのはやっかいですね。その人にとっては、まちがいなく事実であり、絶対的な真実と思いこみやすいですから。でも、自分の経験だけを意見の根拠にするのは危ないのです。その経験がすべてにあてはまるはずはないし、他人には、その人の経験を評価しようもない。だから「自分の経験では……」と得々と語る人はいますけれど、そういう人とでは議論が成り立たないのです。（中略）経験も知識もない人間は社会でものを言ってはいけないという雰囲気になってしまう。

（同書より引用。傍線は引用者）

中高年の男性の「対話下手」が一般化できるかどうかはさておき、年長者への対応は、ひとつ間違ってしまうと、**職場には「経験も知識もない人間は社会（この場合は職場）でものを言ってはいけない雰囲気」などが生まれてしまいますので、注意が必要です。**

それでは、最悪の場合、つまりは、すでに「年長者がのさばっている場合」にはどうすればいいでしょうか。実務家の中には最終手段として「職場のパワーバランスを利用すること」で問題に対応している方がいます。

職場の中で（中略）数が多い人たちの問題を先に解決して、味方につけちゃう。そうすると、ややこしい人たちもマネジャーに食ってかかりにくくなる。職場でマイノリティになっちゃうから。僕に対して不用意な発言をしなくなるんです。

（銀行／Oさん）

ここで銀行におつとめのOさんが述べているのは、職場の中で最も数の多いグループを

「味方」につけて、「ややこしい人たち」を圧倒してしまう、というサバイバルストラテジーです。Oさんがここで「数が多い人たち」と述べているのは、「派遣のスタッフ」のことをさしています。マネジャーとして「数が多い人たち」の不満を解消してあげることができれば、多数の味方を得て、「ややこしい人たち」である年上の部下を牽制できると述べています。

「職場のパワーバランスを利用すること」は最終手段かもしれません。しかし、どうしても必要になってくる局面では、このような高度な政治的手法を用いてでも、マネジャーは職場を統率していく必要があります。

次はパート・派遣社員などの場合はどうでしょうか?

パート・派遣社員の方々の場合、まず押さえておくべきことは、彼/彼女たちの職務の特質です。パート・派遣社員の方々の職務特質は、(1)特定のタスクに従事するために雇用されているということと、(2)中長期の報酬やポジションで報いることは難しいということです。パート・派遣社員の方々と対峙するときには、そのことをまず把握しておく必要があります。よって、報酬やポジションではない「別の手段」で、マネジメントを行っていかなくてはなりません。多くの実務家が用いているのは**「仕事の位置づけ・意味づけ」**と**「マネジャーからの直接の目配り・気配り」**です。これらは先に述べた(1)と(2)の諸特質の裏返しでもあります。

第一に「仕事の位置づけ・意味づけ」とは、**パート・派遣社員の仕事が、職場の仕事全体や事業全体にとって、どのような貢献をなしているか、すなわち仕事の全体像を示し、意味づけることです。**「仕事の全体像を伝えること」が大切なのは、挑戦課題①の部下育成のところでも述べたとおりです。仕事の全体像を理解していないと、人は、働きがいをもって仕事に当たることはできません。「仕事の全体像を理解させること」や「目標をわかりやすく説明すること」が、部下マネジメントの基本であることは、これまでにも何度も論じてきました。そして、パート・派遣社員のように「特定のタスクに従事するために雇用されている社員」であれば、なおさら、このことが重要な意味を持ちます。**なぜなら、多くの場合、彼／彼女たちは「仕事の全体像」が理解できないままに、部分的・特定的なタスクのみを切り出されて、仕事に従事しているからです。**大切なことは、「あなたの仕事は、全体の……につながっている」「あなたの仕事は全体の……に位置している」という「仕事の位置づけ・

意味づけ」を通して、彼／彼女らにやりがいを持って仕事に当たってもらうことです。

2点目に重要なことは**「マネジャーからの直接の目配り・気配り」**です。このことに関しては、銀行におつとめのマネジャーのKさんが下記のように述べています。

（パートさんにとって）大切なんは、（マネジャーが）「見ていてくれている」とか「コミュニケーションをとってくれている」ということですね。（中略）ポーズでもいいと私は思っているんです。ロビーに出て「今日もよろしくな」と（パートさんに言う）。時には、毎日、そらできませんけど、一緒にお客さんに挨拶する。見え見えかもしれへんですわ。でも、たとえ、そうでも、するのとしないのでは、全然違うと思います。

（銀行／Kさん）

ここでKさんが述べているのは、マネジャー本人が「見ていてくれている」とか「コミュニケーションをとってくれている」ということをパートさんに意識してもらうよう振る舞って、マネジメントをしている様子です。Kさんは、これらの自分の行為を「見え見え」だとしていますが、「ポーズでもいい」と割りきって実践なさっています。

このことに関連して別の銀行におつとめのマネジャーのTさんは、以下のようにも語っています。

スタッフさん（パート・派遣社員のこと）は賞与もないしね。「自分たちの仕事はここまでです」と決まってますからね。だから「声かけ」と「節目」を大切にしています。（中略）声かけは毎日ですね。「おはようございます」に始まって、一緒に店舗に出たり。「節目」と言うのは、月末にケーキとかスイーツをプレゼントすること。これもサプライズが要るんですよ。あたりまえになってきますから。毎回、コージーコーナーのシュークリームではいけないんです。季節に合わせたものとか、話題になるようなものを選ぶんです。

（銀行／Tさん）

Tさんは「スタッフさん」に対する対処として、日常的には「声かけ」と「節目」を大切にしているそうです。ここで興味深いのは「節目」です。Tさんは、月末に毎回かわったケーキやスイーツを用意して、「マネジャーからの直接の目配り・気配り」を伝えておられます。たかが「ケーキ」「スイーツ」と考える方もいらっしゃるかもしれませんが、「季節に合わせたもの」とか「話題になるようなもの」を選ぶことに、スタッフさんは「マネジャーからの直接の目配り・気配り」を感じているかもしれません。

マネジャーの皆さんへの問いかけ：年上の部下・パート・派遣社員の活用のために
- 「年上の部下」には「年長者へのリスペクト」を持っていますか？
- パート・派遣社員の方々には「仕事の全体像」を伝えていますか？

挑戦課題④「多様な人材活用」を克服する〈中途採用の社員／外国人編〉

次に「多様な人材活用」の後編、中途採用の社員／外国人に対処する時に留意したいことを考えてみましょう。

昨今は、雇用の流動化が少しずつ進み、新卒から同じ組織で働き続けることなく、転職する人が増えています。日本の組織は、まだまだ「中途採用慣れ」していないところも多いのですが、それでも、年々、中途採用社員が増えている傾向があります。しかし、「即戦力」として採用したのはいいけれど、期待していたほどの成果をあげられなかったり、職場に適応できなかったりするなどの、数々の問題を抱える傾向があるのも中途採用社員です。中には完全に行き詰まってしまい「こんなことなら、新卒を最初から育てた方がよかった」という声もよく聞きます。

後者の外国人の活用に関しては、まさに現代的な喫緊の課題です。現在、多くの日本企業では生産拠点を海外に移したり、また新興国のマーケット開発のために、海外で働けるマネジャー人材を求めています。

海外で働けるマネジャークラスの人材と言うと、これまでは日本人社員をいかに海外派遣するか、という視点で語られる傾向が強かったのですが、昨今は、本社で外国人や外国人留学生を採用する事例が増えています。日本の組織は「中途採用慣れ」していないことに加えて、「外国人」にはまったく慣れていないことがほとんどです。採用はまだしも、現場に配属した後で、外国人社員がなかなか定着しないなどの問題を抱えています。以下、これについて考えてみましょう。

まず、中途採用の社員について、経験あるマネジャーの方々が口にする対応のポイントは大きく分けて3つあります。具体的には**「境界を探る」「アンラーンさせる」「職場に溶け込ませる」**の3点です。

第一の「境界を探る」とは、**中途採用社員が、何ができて、何ができないのか。何を知っていて、何を知らないのか。自組織に関して何を誤解していて、何を理解しているのか**、について彼らとの対話を通して、マネジャーが「探ること」です。何を為すにも、相手を知らないことには効果的なマネジメントを行うことはできません。

一般に、僕たちは（マネジャーも職場のメンバーも）中途採用の社員を「即戦力」というラベルを通して見ます。「中途採用の社員なのだから、このくらいはできてあたりまえ＝即戦力として中途を採ったのだから」「中途採用なのだから、このくらいは知っていてあたりまえ＝だって、中途は即戦力採用なのだから」と認識してしまいがちです。中途採用社員は、このような色眼鏡で自分が見られていることをよく知っています。そして、この「即戦力」という呪縛によって、何かできないことがあったり、何かわからないことがあっても、自ら質問したり、助言を求めることを躊躇《ちゅうちょ》してしまいがちなのです。

職場のメンバーも、「即戦力」というラベルに呪縛されがちです。中途採用社員が、何か困ったりしていても、「あの人は、即戦力なのだから……くらいは知っているだろう。もし余計なお節介をして、『そんなことくらいは知っています！』と言われたら困るので、黙っておこう」と考えがちなのです。

中途採用の社員と職場メンバーが、ある程度、このように考えてしまうのはやむをえないにせよ、マネジャーも同じような態度をとってしまっては問題があります。マネジャーは、**中途採用社員の行動レベル「何ができて、何ができないのか」、認知レベル「何を知っていて、何を知らないのか」、自組織に関する知識レベル「自組織に関して何を誤解していて、何を理解しているのか」、という「境界」を、中途採用社員との対話を通して探っていかなければなりません。**

境界を見極めたなら、足りないところは補完する、支援するなどの対応策を考えます。場合によっては、新人同様、短期間ＯＪＴなどを行う必要も出てくるかもしれません。このようなことを言うと、「中途採用社員なのだから、そんなことは必要ない」とお思いの方がいらっしゃるかもしれませんが、それは必ずしも科学的に正しくない、というのが僕の研究結果です。[16] 中途採用社員１２０名に対する質問紙調査を分析した結果、**前職との連続性のある職種についた中途採用社員と、前職はまったく異なる職種で、白紙の状態から仕事についた**

中途採用社員の１年後の業績（ノルマ達成率）には、統計的に有意な差がありません。また、中途採用後抱えるさまざまな困難においても、かえって、**前職と連続性のある人の方が苦労するくらいです。結局、経験はいつも「諸刃の剣」なのです。前職の経験はそのまま有効に利用できるときもありますが、反対に、かえって、何かを新しく学び直すときの「障害」になってしまうこともあるのです。**

よって、中途採用社員の人材活用の２つめのポイントは、**必要に応じて、彼ら彼女らに「アンラーン（Unlearn：学習棄却）」を促すこと**です。**中途採用社員が前職での経験や慣習にしがみついているような場合は、そのままでは、やっていけないことを伝え、前職で身につけた行動を学習棄却させること、さらには、現在の仕事に必要な行動を「リラーン（Relearn：再学習）」させることが重要になります。**それは「痛み」を伴うことかもしれませんが、お互いのために、はっきりと伝えなければなりません。その際のポイントは、挑戦課題①の部下育成の項で見たように「行動」**に焦点を当てたフィードバックをすること**です。「以前の経験や経歴を全否定してしまうこと」は「**人格否定**」につながってしまうので、危険です。**あくまで「変えなければならない」のは、前職で培った行動のうち、「今の状況に合わない行動」です。**

第三のポイントは、中途採用社員の置かれた社会的状況に関係しています。先にも述べたように、中途採用社員は、多くの場合、組織に入ったばかりの時は「即戦力の呪縛」の中にいます。中途採用を経験したことのある、ある男性社員は、当時のことを振り返って、次のように言います。

「採用された瞬間から、ものすごい（ものすごく）緊張しますよ。お手並み拝見てとこありますでしょ。もちろん、表面的には、誰も言いませんよ。心の中では、みんなそう思って（い）る。（中略）いわゆる〝即戦力〟です（でしょ）。（中略）周りはやすやすと頼れないですね。（わからないことがあっても）なかなか、気軽に、周りには、聞けないですね」

（『経営学習論』より引用）

この社員が語っている内容は、中途採用時の周囲の視線です。周りから「即戦力」と見なされ、「お手並み拝見」という周囲からのまなざしを感じていることがわかります。このような状況では、多くの場合、中途採用社員は、職場になかなか溶け込むことができないことがあります。これを僕は「**中途採用社員―上司のカプセル化**」といいます。このカプセルに二人が閉ざされた場合、その「ウマ」が合うとよいのですが、これが「合わない」場合には、最悪の場合、離職につながる可能性もゼロではありません。

中途採用社員の人材活用の最後のポイントは「職場に溶け込ませること」であり、職場メンバーにさまざまな「フック」をかけてあげることです。たとえば、職場メンバーとともに、ランチに誘ってみたり、職場のキーマンを説得して、彼／彼女がうまく適応できるよう、そういう視点で接してみるとよいと思います。

最後に外国人に関してはどうでしょうか。

外国人社員の活用で留意すべきポイントも、中途採用社員の場合と似ています。まずは先ほど言った「**境界**」**を見極め、その結果、学び直しが必要であれば、アンラーンを促すフィードバックをしてあげることです。**その際には、日本人よりもクリアに焦点をしぼって直截に伝える必要があります。

僕は、グローバル化に相容れない日本の文化（価値観）として、3つ考え直さなければならないものがあるといつも思っています。それは「阿吽《あうん》」「察し」「背中」です。

「阿吽」とは「阿吽の呼吸」。すなわち複数の人物が、まったく「言葉で申し合わせていない」のに、自ずと、呼吸まで合わせるように同調していく様子です。「察し」とは「言葉にしなくても」複数の人が気遣える様子。そして、「背中」とは言うまでもなく「背中を見て学ぶ」です。それは「言葉を用いることなく、相手の様子を見て、学ぶ」ということです。

要するに、日本の文化（日本人が魅了される価値観）とは、「一つひとつ言挙げしないということ」です。

協働する時でも「阿吽」。コミュニケーションは「察し」。そして教え、学ぶ時には「背中」という具合に、高文脈文化を背景に、「言挙げすることを避ける」。こういうコミュニケーションパターンが、僕たちのメンタリティに深く埋め込まれているように感じます。しかし、**グローバルに対応するマネジメントを行うとは、「一つひとつ言葉を尽くして説明して、納得解を得ること」**に思えます。そうしたものにこれまで以上に時間的コスト、精神的コストをかけることのように思うのです。ひと言でいうなら、**グローバル化に対応するとは「言葉を尽くすこと」**。

グローバルに対応できるマネジメントとは、異質なものとつきあい、それらが出入りすることとつきあわざるをえないものなのですから。そこにはお互いが拠って立つコンテキストはありません。それは、日本人の感覚からすれば「めんどくさい」し、どこか「水くさい」

ものに感じるかもしれません。しかし、異質なものとつきあう時は言葉を尽くさなければなりません。

外国人を活用する際の最後のポイントとして挙げられるのは、**「文化の違いへの配慮を為すこと」**です。これは、東京大学大学院 中原研究室の博士課程学生、島田徳子さん（現・武蔵野大学准教授）が明らかにしたことですが、外国人を組織に定着させ、コミットメント意識を持って仕事をしてもらうためには、**上司による仕事の支援のほかに、相手の外国人のもつ文化に対してリスペクト・興味を持ったり、時に日本文化について説明をしたりするなどのことが大切だと言います**[17]。

以上、年上の部下、パート・派遣社員、中途採用社員・外国人社員の活用について述べてきました。それぞれにおいて、さまざまに留意するべきポイントは存在しますが、**最も大切なことは、「職場を見ること」**ではないか、と思います。**「職場を見ること」を通して、そこに駆動している、さまざまな人間関係、人間の性質を見抜くことが最も大切なこと**のように思います。

マネジャーになりたての人は、何はともあれ、自分がマネージする職場の状況を見極めな

くてはいけません。特にマネジャーへの昇進と異動が同時である場合は、新たな職場がどんな所なのか、そこではどんな人が働いていて、どんな人間関係があるのか、といったことを自分の目で見て、耳で聞いて、確かめる必要があります。実践しているマネジャーはこんなことを語っています。

> 赴任する前に、どんな職場かといううわさは聞いていたけど、自分の目で見てみないとわからない。うわさで決めつけてはダメだなと思いました。サボる部下がいるのは、一日二日でわかりました。動きが遅いし、休憩がやたらと多かったりする。なかなか見えにくいのは、本人が何を思っているのかという感情のこととか、部下同士のつながりです。そういう情報を取ることは、職場を見極める上でとても大切。自分の場合は、職場でメンバー同士が「昨日はどうも」といった会話をしていたり、隅の方で飲み会の精算をしていたりするのを見て、意外なつながりを発見したりしていました。
>
> （銀行／Oさん）

マネジャーとして赴任したら、まず職場を「泳がせる」ことですよ。いろいろなことを見極めるために、職場を泳がせる。そうすると、部下のいろんな個性やら、関係やら、職場で起きている弊害やら問題やらが見えてくる。赴任していきなり何かを変えるなんて、自殺行為。

（製造／Aさん）

銀行でマネジメントをなさっているOさん、製造業におつとめのAさんが、この場で一様に語っていることは「職場を見ること」です。そのことの重要性をOさんは「職場を見極める」、Aさんは「職場を泳がせる」というメタファで語っています。

こうしたメタファを目にしますと、**マネジャーはフィールドワーカーでもあるのだなとつくづく思います**。文化人類学などの研究では、研究者が、調査対象となる人たちの中に入っていって、生活を共にしながらじっくり観察することを「参与観察」と言います。優れたマネジャーが赴任先の職場でやっていることは、それとほぼ同じです。**未知の社会に入っていったつもりで、職場の様子を観察しています。**

マネジャーの皆さんへの問いかけ：中途採用社員と外国人社員を活用するために

- 中途採用社員を「即戦力」と見なしすぎてはいませんか？
- 外国人社員には「文化への配慮」をしていますか？
- 「職場」をつぶさに観察していますか？

挑戦課題⑤「意思決定」を克服する

次は第5の挑戦課題である「意思決定」について考えてみましょう。

3章で見たように、マネジャーは、実務担当者が持っている知識や情報をもとにしつつ、部門としての「意思決定」を行わなくてはなりません。マネジメントの本質が、「他者を通じて物事を成し遂げること」にあることは1章で論じたとおりです。

マネジャーは、一般に、「現場」から遠いところにいるものです。そのような状況下で、マネジャーは意思決定を行わなくてはなりません。現場から上がってくる情報を「総合」して、最終的な意思決定を行い、そこに責任を持たなければならないのです。ここでは意思決定について、図表16に見るように3つのプロセスに分けて考えていきましょう。

意思決定を行う上で最も大切なことは「現場から学ぶこと」です。どんなに意思決定力の

図表 16　意思決定の３つのプロセス

1. 現場から学ぶこと

2. メリットとリスクを計算する

3. 決めきり、やりきること

ある有能なマネジャーでも、現場から正確な情報があがってこなければ、適切な意思決定を行うことはできません。僕が行ったマネジャーに対するヒアリングでも、「現場から学ぶこと」という言葉はよく聞かれます。

自分よりも部下の方が、長く業務に携わっており、経験もある。そういう人たちを束ねていく時には、その人たちからまず学ぶことです。（製造／Aさん）

（前略）今は現場のことを学びながら指示を出している。部下には、キャリアが長く専門性の高い人が多いので。（銀行／Oさん）

メーカーでマネジャーをなさっているAさんは、「（マネジャーである）自分よりも部下の方が、長く業務に携わっており、経験もある」としたうえで、そういう部下から「学ぶこと」の重要性を指摘しています。銀行勤務のOさんが述べていることも、これに類似することです。Oさんの部下には、キャリアの長い人が多いので、そういう人から、「現場のことを学びながら指示を出している」といいます。

このように、部下から学ぶのは、意思決定に必要な「判断基準」をつくるためです。次に紹介するマネジャーの語りでは、このことを「**物差し**」というメタファで語っています。

部下からの情報を謙虚に聞くこと。いきなり自分が指示命令を出そうとしても、自分に「物差し」がなければできない。「物差し」を持って考え、正しい判断ができるようになるまで半年くらいかかる。

（銀行／Ｙさん）

ここで銀行におつとめのＹさんが指摘しているのは、「物差し＝判断基準」の大切さです。自分の「物差し」ができるまでは「半年間」くらいの時間がかかり、それは「部下からの情報を謙虚に聞くこと」によって達成される、とＹさんは言います。

このように「現場から学ぶこと」は適切な意思決定を行っていく上でとても大切なのですが、１点だけ注意が必要なこともあります。部下から学び、部下から現場の情報を吸い上げる際には、「部下は、自分に不都合を生じさせる内容にはバイアスをかけて上にあげてくる可能性がゼロではない」ということです。要するに「**部下からの情報は謙虚に聞くこと」は大切ですが、それを「そのまま鵜呑みにしてはいけない**」ということもまた、真実なのです。

このことを、Oさん、Yさんは下記のように語ります。

部下から話を聞くのはなかなか難しくて、すべてを真に受けちゃいけない。（中略）ある職場では、（部下に）「過去はこうだったから、こうでよいのでは？」と言われることが多かった。そのやり方がよいならかまわないが、対策の効果や狙いの整理がされていなかった。（電力／Oさん）

こないだ研修で言われたんでね。部下の言うことは「傾聴」しますよ。でも、「傾聴したこと」が「ほんと」とは限らないんです。（電力／Yさん）
（筆者補足：Yさんは、このインタビュー前にコーチングの研修で傾聴を学んだのです）

ここでOさんとYさんが述べているのは同様の内容です。Oさんは部下に「過去はこうだったから、こうでよいのでは？」という内容のことをよく言われたといいます。この語りからは、Oさんの部下が、過去のやり方をそのまま踏襲したい、と思っていることがうかがえます。一方、Yさんは「部下の意見を傾聴すること」の大切さは認めつつも、「傾聴したことが本当のこと（ほんと）かどうかはわからない」と言います。部下を信じること、真摯に耳を傾けることは大切なことですが、Ｏさんが言うように、「すべてを真に受けちゃいけない」のも、また真実のようです。**マネジャーにとって大切なことは、部下の話を単に聞く、現場から情報を吸い上げるだけではなく、そこからしっかり「真実を読み取ること」です。**

では、次に、実際の意思決定はどのようにして行えばいいのでしょうか。

まず把握しておかなければならないことは、**マネジャーのところで行う意思決定は、既述したように「白黒はっきりしたもの」についてであることは少ない、ということです。なぜなら、白黒はっきりした誰の目にも明らかな問題についての意思決定は、マネジャーレベルまであがってくるのではなく、現場レベルで、部下が行っている可能性が高いからです。**

先にも述べたとおり、マネジャーはいつも「グレーな問題」と格闘しなければなりません。よって、意思決定に際しては、多様な観点から「メリットとリスクを計算すること」を通して、最終的なジャッジを下す以外に方法はありません。

たとえば、あなたが営業部隊のマネジャーで「目標を達成するには、現場で人が不足しているとメンバーから声があがっており、この際、即戦力となるような社員を中途採用するべきか、するべきでないか」という判断を迫られたとします。

その場合のメリットとリスクの計算はどうなるでしょうか？

まず、社員を中途採用すれば、たしかに現場の人不足を解消することはできます。現場のメンバーにうずまく人不足に対する不満も同時に解消されるので、職場の士気はあがることが予想されます。

しかし、メリットの一方でリスクもあります。即戦力とされる中途社員が、「多様な人材の活用」のところで見たように、もしうまく定着せず、期待通りの成果を出せなかったとしたら、どうなるでしょうか。固定費が上がり、それこそ目標達成は危ぶまれます。また現場で人手が不足しているという認識は、本当に真実でしょうか。現場の人繰りや配置を見直すことで、人手不足は解消しないのでしょうか。

マネジャーは、こうしたメリットとリスクを計算し、場合によっては、図表17のような2×2のマトリクスに書き出してみて、最終的な意思決定を下します。

意思決定には「迅速さ」が求められる場合もあります。そのためには「いつも考えていること」が大事です。**迅速な意思決定ができるマネジャーは、判断するスピードが速いのではありません。「迅速な意思決定ができること」とは「いつも考えていること」と同義**です。

だから、部下から報告を受け、「決めてください」と言われたときに、すぐ決められるので

図表17　意思決定のマトリクス

（中途採用社員を採用するか否かを例に）

	メリット	リスク
採用する		
採用しない		

す。逆に、ふだん考えていない人は、「決めてください」と言われてから考え始めることになるため、判断を下すまでに時間がかかります。

もちろん、下した判断が、すべてのステークホルダーの賛成を得られるとは限りません。場合によっては「49％の人が反対で、51％の人が賛成」という場合もあるでしょう。しかし、マネジャーの意思決定は、そもそも「そのようなもの」なのです。意思決定がグレーだからといって、また、すべての人の賛同を得られないからといって、不安に感じる必要もありません。**自信を持って「決めきること」が大切ですし、決めきったあとは「やりきること」、ないしは「(部下に)やらせきること」が大切です。**

マネジャーの皆さんへの問いかけ：効果的で迅速な意思決定を為すために

- 皆さんは、「現場から学ぶこと」を実践していますか？
- メリットとリスクの計算をしていますか？
- 「決めきること」を躊躇《ためら》ってはいませんか？

挑戦課題⑥「マインド維持」を克服する

ここまで「部下育成」「目標咀嚼」「政治交渉」「多様な人材の活用」「意思決定」という5つの挑戦課題の克服法を、関連する科学的知見やマネジャーの方々の語りを編み込みつつ、検討してきました。これらの課題は「職場を動かすこと」に関する「**攻めの能力**」とも形容できます。マネジャーは部下・上司・他部門の長など、さまざまな人々の「狭間」にありながら、目標を掲げ、人を「同じ船」に乗せていきます。

挑戦課題は残り2つです。残りの挑戦課題である**「マインド維持」と「プレマネバランス」は、前項5つと比べますと、マネジャー自身にかかわる課題であり、いわば「守りの能力」だと言えます**。しかし「守りの能力」だからといって軽視することはできません。「攻める」とは守ることであり、守るとは攻めること」です。守ることによって「基盤」をつくるからこそ、安定的な「攻め」を実現できます。

それでは挑戦課題⑥の「マインド維持」から考えていきましょう。**マインド維持とは、ひと言でいえば「マネジャーとして自分のマインド・モティベーションを維持すること」**です。マネジャーは、矛盾する諸要求をうまくいなしながら、自分のマインドを維持していくことを求められます。このためには3章で既述したように、時には不真面目になったり、スルーしたりすることも大切なことかもしれません。

しかし、マインドを維持していく上で最も大切になってくるのは、**自分の意見や考えに耳を傾けてくれる「他者」の存在**です。「他者」と言うと「マネジャーになっても人に頼るのか？」とおっしゃる方もいらっしゃるかもしれませんが、事態は「逆」です。**マネジャーになって「一国一城の主」になったからこそ、自分を平静に保つための社会的ネットワークが必要なのです。**例えば、電力会社におつとめのTさんは、下記のように語ります。

マネジャーの仕事はすべてが「ぶっつけ本番」。隣の支店の先輩に電話して「こういうことが起きました。どうします？」と聞きながらやるしかない。

（電力／Tさん）

Tさんはマネジャーになったばかりの頃、隣の支店の先輩から業務についてのアドバイスを受けたといいます。新任マネジャーにとって、そのような他者の存在はとても頼りがいがあります。同様のことはIT業界でマネジメントをなさっているKさんも口にします。

マネジメントしてるとね、あの判断、本当にあれでよかったのかなと思うものなんですよ。あと、やりきれないときもあるんです。だから、気を許せる人がいるって大切だと思いますね。

（IT／Kさん）

Tさん、Kさんともにおっしゃっていることは同じ事です。「ぶっつけ本番」「本当にあれでよかったのかな」と思うマネジャーであるからこそ、本当は気を許せる人、助言を与えてくれる人が必要なのです。このことは、実証研究においても明らかになっています。

JPC東大調査では、折りに触れて「仕事の助言やコメントをもらえるマネジャー」の職場業績と「助言やコメントをもらえない孤独なマネジャー」のそれとを分析しました。「仕事の助言やコメントをもらえるマネジャー」は517名のうち278名に当たる54％、孤独なマネジャーは239名に当たる46％でした。

分析の結果、図表18のグラフに見るように「仕事の助言やコメントをもらえるマネジャー」は職場業績が高いという結果が出ています。助言やコメントをもらっている相手は、さまざまでした。もっとも多かったのは、「会社の上司から」という回答（49・6％）ですが、会社の他のマネジャー（30・2％）、会社外の知り合い・友人（10・4％）という回答も目立ちました。誰を助言のパートナーに選ぶことができるかはマネジャーの置かれている状況や本人のニーズにもよるので一概には言えません。結局、その人の**組織・職場の状況に応じて、助言・指導をもらえるネットワークをメンテナンスしておくことが大切**なのではないか、と思います。

ちなみにさらに細かく分析していきますと、他者からどういうかかわりを得ているマネジャーが、マネジメント能力を発揮できているのでしょうか。ＪＰＣ東大調査の分析の結果、図表19のような概念図がでています。[18]

この図を見るとおり、**マネジャーには、折りに触れて振り返りを促してくれる人、励ましてくれる人が必要**だということがわかります。

そこで、少し自分の周囲を見てみましょう。あなたは、今、どのようなかかわり（ネットワーク）の中に生き、そして働いているでしょうか。もし十全なかかわりの中にいるのでしたら、マインドをうまく維持しつつ、能力発揮することができるかもしれません。もし、難しいようでしたら、何らかのつながりを持つことが最も大切なことだと思います。

少し難しいお話をしますと、**現代社会とは「個人化が加速している時代」とも言えます。**

ここでいう**「個人化」とは、「何をするにせよ、個人が過剰に重視される」ということです。**

図表18　助言をもらえる／もらえないことと マネジャーの職場業績※

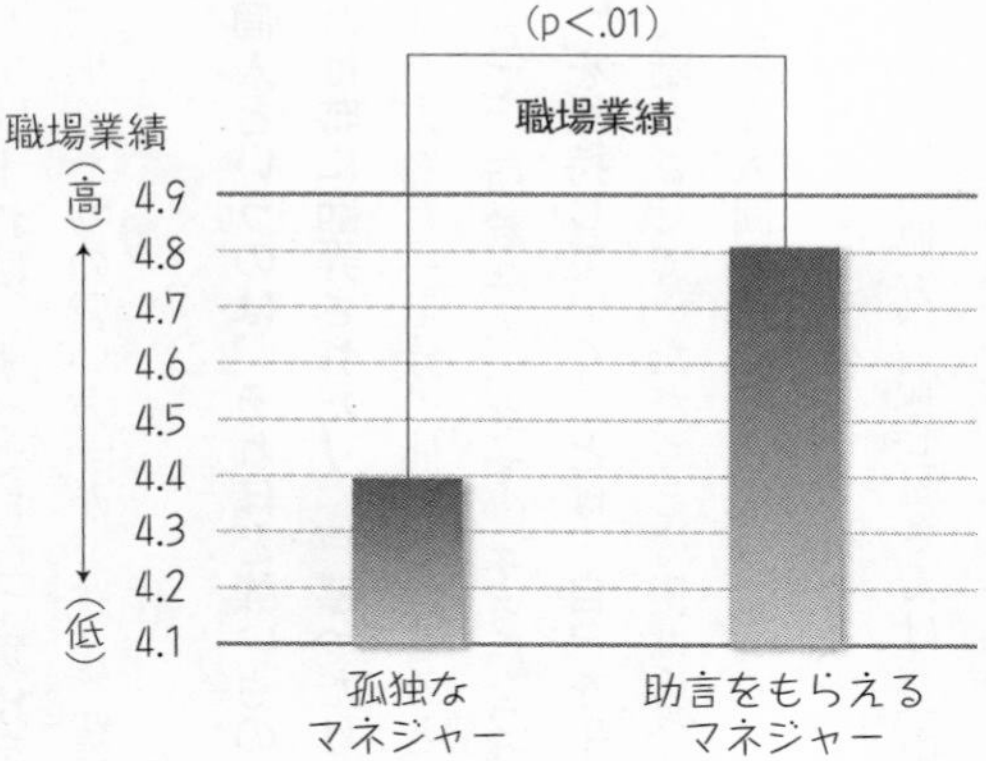

※縦軸は全社における職場業績の主観的評定値です。値は1から7の間をとります。助言・コメントをもらえるマネジャーは517名中278名(54%)、孤独なマネジャーは239名(46%)となります。一元配置分散分析の結果、助言・コメントをもらえるマネジャーと孤独なマネジャーの間には、職場業績において統計的に有意な差があります(p<.01)

自己責任論や自己決定論に見るように、「自分の将来やキャリアに対して、すべての責任は自己に課され、もし失敗すれば、すべて自己で責任をとらなくてはならなくなる」。このように「個人を前面に出した物の言い方」が、跳梁跋扈《ちょうりょうばっこ》するのが「現代という時代の特徴」です。

しかし、**実際、個人というのは、それほど強いものでもなければ、それほど頑健なものでもありません。それは時に翻弄されたり、戸惑ったり、揺れたりする存在なのです。**マネジャーになられるような方だと「自分の能力を信じるところ」は人よりも大きいとは思うのですが、**マネジャーとて、所詮「人」です。そういう時のためにも、自己のために「かかわり」や「つながり」を維持していくことは、自己を平静に保つことにつながります。**

ちなみに個人的な話をさせていただくと、僕は自分の周囲に「**緊張屋さん**」と「**安心屋さん**」がいてくれるような人間関係を、意識してつくるように努力しています。緊張屋さんは、僕に対して「客観的なコメント」をしてくれる人です。そのコメントは時にぴりりと辛い方がよいのかもしれません。他方、安心屋さんは、「中原君は大丈夫だよ、よくやっているよ」と言って励ましてくれる人です。その2つのかかわりを、自分の周囲に意識してつくることを、ずっと行ってきました。

図表19　振り返りと励ましの重要性

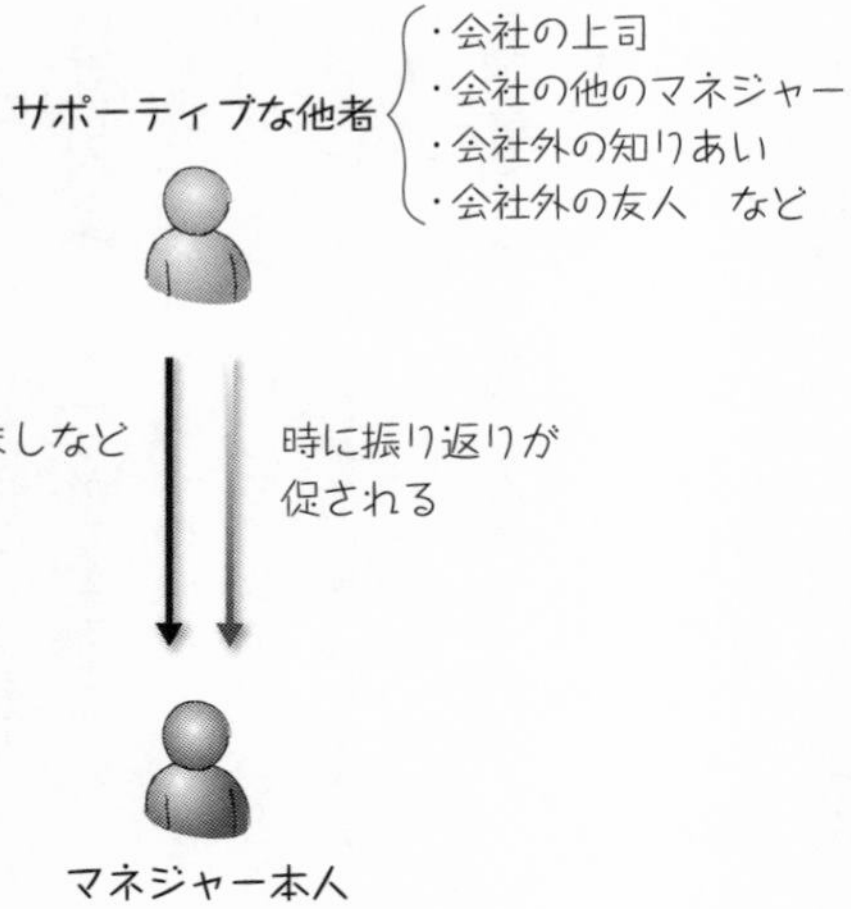

僕が経営学習論の研究を始めてから10年が経とうとしています。年を重ねてくると、だんだん人間も丸くなります。「これぐらいの研究を続けていれば、まあいいかな」と気を緩めるときがないわけでもありません。そんな時、緊張屋さんは「客観的に見て、あんたは、こう見えるよ」と言って、僕をハッとさせてくれます。そのひと言によって、僕は自分の仕事ぶりについての内省に入っていくことができます。

しかし、自分の周りにいる人がすべて緊張屋さんばかりだと、それはそれでつらくなります。僕の研究活動についてよく理解してくれていて、ときどき「いいと思うよ」と背中を押してくれる安心屋さんがいると、精神的に救われますし、「よし、頑張ろう」と前向きな気持ちになれます。

僕にとっての緊張屋さんと安心屋さんは、それぞれ2人ずつぐらいいます。もちろん、御本人を前にして、僕がそう呼ぶことはありませんが、心の中でそう呼べる人がいてくださり、ときどき振り返りの機会を与えてくれたり、癒しをくれたりすることは、僕が仕事を続けていくうえでの貴重な人的ネットワークとなっています。当然ながら、このネットワークは、丁寧にメンテナンスしておかなければ、維持できません。誰かが僕に何か言ってくれるのは、僕もその人に対して何らかの形でお役に立てているからでしょうし、僕自身、そういう存在でいられるように気をつけています。

ネットワークとは「ある」ものではなく、自ら「つくりだすもの」であり、そして「メンテナンスするもの」です。マネジャーにとって、「マインド維持」を克服するため、「孤独にならない日々の努力」をすることは大切なことのように思います。

マネジャーの皆さんへの問いかけ：マインドを平静に保つために

- 皆さんは、振り返りを促したり、励ましたりしてくれる他者をお持ちですか？
- 皆さんは、孤独になっていませんか？
- ネットワークを維持するために可能なことはありますか？

挑戦課題⑦「プレマネバランス」を克服する：自分の「時間」を見直す

いよいよ僕たちの7つの挑戦課題をめぐる旅も終点に近づきました。最後の挑戦課題は「プレマネバランス」です。

2章で見たように、現在の企業では、マネジャーはプレイヤーでありながらマネジメントの仕事を担うというふうに、その役割が二重化しています。「プレマネバランス」はそのために生じている挑戦課題です。2章で論じましたように、マネジャーが「プレイヤーとしての時間」に固執しすぎて、マネジメントにかける時間や余裕がおろそかになると、職場の業績が低下しかねません。

そういう事態を未然に防ぐために、折りに触れて、**自分の時間を見直すこと**を、僕はお勧めしていますし、自らも時に行うことがあります。ミドルマネジャーの中には、部下に対しては時間管理を徹底するように指示する人がいるとは思いますが、**自らが「自分の時間」を見直している人は、そう多くはないものです**。

自分がどんなことにどのくらい時間を割いているかを、時に応じて振り返ることも大事です。1週間おきでも、1カ月おきでもかまいませんので、自分の勤務時間のうち、マネジメントにどのくらいの時間を使っていて、プレイングにはどのくらいの時間を使っているのを、スケジュール帳などを見て確認してみるとよいと思います。本章で論じたあらゆる課題がそうであるがゆえに、対策・対処を考える前には、「現状を正確に把握すること」「現状を可視化すること」が大切になってきます。

たとえば、こんなミニワークがあります。スケジュール帳を取り出し、最近の一週間を、ワークシートに、そのままそっくり書き出します。

その後、スケジュール帳に入っている予定項目を１つずつ分類し、いくつかの分類軸をつかって、すべての予定項目を４つにわけていきます。

1.「自分がやりたいこと」
2.「自分がやらなければならないこと」
3.「自分がサポートするなら、他人に任せることができるもの」
4.「自分のサポートなしでも、他人に任せることができるもの」

ここで行っているのは「仕事を任せる」という観点からの分類です。

こうしたミニワークを試みてみると、マネジャーの時間の使い方の中には3.「自分がサポートするなら、他人に任せることができるもの」や4.「自分のサポートなしでも、他人に任せることができるもの」があることがわかります。挑戦課題①の部下育成の項でも見た

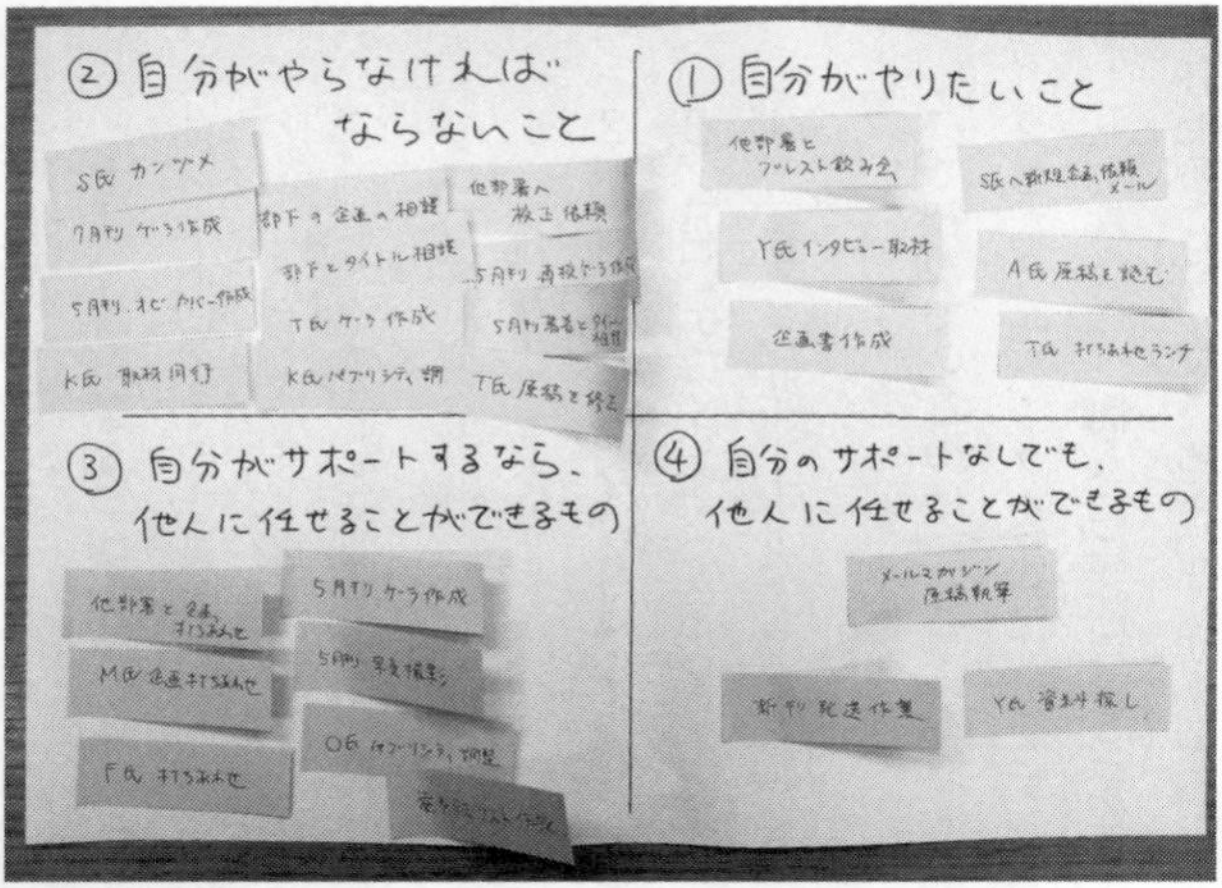

スケジュール帳を使って、1週間を振り返るミニワーク

ように、部下育成の眼目は、結局は「仕事を任せること」です。これを機会に3や4の仕事を下に任せていくことで、プレイヤーとマネジメントのバランスをとりつつ、部下を育成することにもつながるかもしれません。**実践したいことは「自分がやらないことを決める」こと**です。場合によっては、自分が持っている仕事を他者に振っていくことが大切です。

今度は「時間の断片度」をはかってみましょう。マネジャーの仕事は、他者の狭間にあることは1章で見たとおりですが、この性質上、とかくマネジャーの仕事は「断片化」しやすい傾向があります。ここでいう**「断片化」とは、「マネジャーの仕事が、多種多様**

な作業に分断され、細切れになっていること」を指します。マネジャーの仕事のあり方が、ある程度、断片化してしまうことはやむをえないことなのですが、断片化して、チリチリバラバラになった細切れの時間では、じっくりと、物事を構想する時間、じっくりとマネジメントの戦略を考える時間は、とれないというのも、また事実です。あなたのマネジメントの時間は、どの程度断片化しているでしょうか。そして、それにどのように対処可能でしょうか。

断片化を避けるためのひとつの工夫は、似通った案件・仕事を「まとめて」しまうことです。つまり、似通った案件、一緒にやった方がよい仕事を、ひとつの場で、ひとつの機会で処理してしまうことができます。スケジュール帳を見直してみて、「断片化した案件」をまとめて、もう少し、効率的な時間の使い方を行うことができないでしょうか。そうしたことを考えてみることも一計です。

このようにスケジュール帳を出して、１週間を振り返るだけのミニワークですが、よくよく見直してみると、自分の時間を見直すための、さまざまな素材がそこに隠されていることに気づかされます。**スケジュール帳は、自分のスケジュールを記載するためのものだけではありません。それは、自分のスケジュールを振り返るためのものでもあるのです。**

マネジャーの皆さんへの問いかけ：プレイヤーとマネジメントのバランスのために
・マネジメントにしっかり時間をかけていますか？
・あなたの時間は断片化していませんか？

以上、マネジャーにとっての挑戦課題とその克服法について考えてみました。すべての人が7つの課題を抱えるわけではありませんが、多くのマネジャーがこのうちのいくつかと直面することになります。特に、新任時には、課題と向き合わざるをえなくなる可能性が大きくなります。

しかし、たとえそうなったとしても、深刻になりすぎる必要はありません。程度の差こそあれ、世のマネジャーの多くは、これらの課題に挑戦し、成長しようとしているのですから、**自分だけが壁にぶつかって、つまずきそうになっているとは考えないでください。むしろ、事態を冷静にとらえ、前向きな対処法を日々の実践の中から探していく方が建設的です。**

1章で述べましたように、マネジャーになることは実務担当者からマネジャーへの「生まれ変わり」です。それは、「マネジャーになる前に、これから起こる現実を知ること（リアリティ・プレビュー）」「マネジャーになった後、現実を知り、受容すること（リアリティ・アクセプト）」から始まります。マネジャーとしての生まれ変わりのきっかけの中核になるのは、マネジメントの現場で日々起こる挑戦課題を引き受け、多種多様なアクションを通じて経験をつみ、振り返り（内省：リフレクション）をしていくことです。そのプロセスにおいては、通用しなくなったものをアンラーニングする機会や、他者とともに語る機会も重要なことかもしれません。これら、マネジャーの経験するスパイラルのようなプロセスは、程度の差こそはあれ、多くのマネジャーが経験することです。**マネジャーへの「生まれ変わり」は「あなただけの課題」ではなく、「みんなの課題」なのです。マネジャーのラーニング・スパイラルの途上にいるのは「あなた」だけではありません。みんながこのスパイラルの旅人なのです。**

さて続く5章では、目線を変え、会社は、いかにマネジャーを支援していけばよいのかを考えます。5章において僕は主に人事・経営企画部門におつとめの方々、そして経営者に対して、マネジャー育成の問題を語ろうと思います。5章の内容は、現場のマネジャーの方々にとっては、ストレートに響く内容ではないかもしれませんので、読み飛ばして、6章に続いていただいても結構です。しかし、自分たちのために会社・組織が何をしてくれるのか、に興味のある方は、ぜひお読みいただければ幸いです。

第4章 注

1　機会の平等（equality）は、公教育が最も大切にしなければならない理念のひとつです。前近代社会では、世襲等による個人の属性で、その後の仕事や収入が決定されていました（属性主義）。しかし、近代に入って、個人の努力・業績によって、将来を決定しようとする考え方が生まれてきます（業績主義）。機会の平等こそが、こうした配分を可能にします。もちろん、機会が平等だからといって、結果が平等になるわけではありません。

2　経験学習理論（Experiential Learning Theory：体験学習とも訳されます）の中で語られる概念図です。

Brown, M. (2008) Comfort zone : Model or metaphor?. *Australian journal of outdoor education*, Vol. 12 No. 1 pp. 3-12

3　振り返りのモデルについては、さまざまな先行研究が存在しています。ここに紹介したモデルは、ユトレヒト学派のリフレクションモデル（ALACTモデル）をビジネスパーソン用に僕が少し改変したもので、マネジャー研修等でお伝えしているものです。その中心人物のフレット・コルトハーヘンは、専門性発達の契機をALACTモデル（Action：行為、Looking back on the action：振り返り、Awareness of essential aspects：本質的な諸相への気づき、Creating alternative methods of action：行為の選択肢の拡大、Trial：試み）に求め、多数のワークショップを実践しています。近年では、より個人の内面に迫る深いリフレクション手法（コアリフレクション）について探究しています。

Korthagen, F. J.（著），武田信子（監訳）・今泉友里・鈴木悠太・山辺恵理子（訳）(2010) 教師教育学：理論と実践をつなぐリアリスティック・アプローチ，学文社

4　内省の中には、個人の有している前提（Assumption）や信条に深く切り込んだ類のものも存在します（例えばコアリフレクション）。しかし、それらはしっかりとした専門性と技術を有する個人のスーパーバイズのもとで、じっくりと時間をかけて行われる必要があります。

Korthagen, F. A. J., Kim, Y. M. and Greene. W. L. (2013) *Teaching and learning from within*, Routledge

5 20歳〜27歳までの正社員（N=617）をデータとして、中原（2012）が行ったパス解析を簡略化して掲載しています。モデルGFI=.996 AGFI=.986 CFI=.998 RMSEA=.026 AIC=27.615。各パスは統計的に有意な結果で、業務能力形成R^2値=.22です。統制変数は省略します。

中原淳（2012）経営学習論：人材育成を科学する，東京大学出版会

6 昨今の能力形成（社会化）研究のトレンドは、職場内の上司以外のCo-workerによるネットワークを通じた学習です。直属上司のみならず、職場に存在する同僚などのメンバーからの社会的支援に注目が集まっています。従来の研究では、同僚などの職場の「他者」は、新人が自ら環境を探索していく際の「情報源」として位置づけられていました。しかし、近年では、その位置づけが変わっています。職場メンバーは「情報源」というよりも、むしろ、より積極的に「社会的支援を提供する主体」として位置づけられ、新人が能動性を発揮できる環境を機能させ、組織社会化を加速させる存在として考えられるようになりました。

中原淳（2010）職場学習論：仕事の学びを科学する，東京大学出版会

Kammeyer-Mueller, J., Wanberg, C., Rubenstein, A. and Song, Z. (2013) Support, Undermining, and Newcomer Socialization: Fitting in During the First 90 Days, *Academy of Management Journal*, Vol. 56(4), pp. 1104-1124

7 中原（2010）の分析結果です。従属変数を「部下の能力向上」、独立変数を「職場の他者からの支援」に設定し、各種統制変数を投入し、ロバスト標準誤差つきの重回帰分析にてモデル構築をしました。その分析結果を重ね合わせつくった概念・概念図を本書向けにわかりやすく提示しました。詳細は下記をご覧ください。

中原（2010）職場学習論：仕事の学びを科学する，東京大学出版会

8 関根雅泰（2012）新入社員の能力向上に資する先輩指導員のO

ＪＴ行動，中原淳（編）職場学習の探究，生産性出版，pp. 143–167

9　Shannon, C. & Weaver, W.，長谷川淳・井上光洋（訳）(1969) コミュニケーションの数学的理論，明治書店

10　Reddy, M. (1979) The Conduit Metaphor, In Ortony, A. (ed.), *Metaphor and Thought*, Cambridge University Press, pp. 284–324

11　人を動かす源泉として、ストーリーの効用について論じられるようになったのは、過去10年間のリーダーシップ論の変化のひとつだと思います。経営学における、いわゆる「ナラティブターン（物語論的展開）」の進展のようにも見受けられます。

Brown, J. S., Groh, K., Prusak, L. and Denning, S.（著）、高橋正泰・高井俊次（監訳）(2007) ストーリーテリングが経営を変える：組織変革の新しい鍵，同文舘出版

Denning, S.（著）(2012)，高橋正泰・高井俊次（訳）ストーリーテリングのリーダーシップ，白桃書房

12　対話が「未来」をつくりうる、ということに関しては、社会的構成主義という考え方が参考になります。以下は、その入門書です。

Gergen, K. J.（著），東村知子（訳）(2004) あなたへの社会構成主義，ナカニシヤ出版

中原淳・長岡健（著）(2009) ダイアローグ：対話する組織，ダイヤモンド社

13　Gabarro, J. J. and Kotter, J. P. (1980) Managing your boss, *Harvard business review*, pp. 92–99

14　この「簡単整理表」の項目は、下記の先行研究を参考に加筆・修正してつくりました。

Gabarro, J. J. and Kotter, J. P. (1980) Managing your boss, *Harvard business,* review, pp. 92–99

15　北川達夫・平田オリザ（2008）ニッポンには対話がない，三省堂，pp. 59–60

16　中途採用の組織適応については、下記の６章をご覧ください。

中原淳（2012）経営学習論：人材育成を科学する，東京大学出版会

17　島田徳子・中原淳（印刷中）　新卒外国人留学生社員の組織適

応と日本人上司の支援に関する研究, 異文化教育学会誌

18 従属変数を「マネジャー総合能力」に置き、独立変数をModel1：統制変数（部下数・社会人歴など）、Model2：経験・キャリア系の項目（初期キャリア時の経験、実務時代3年目以降の経験）、Model3：他者からの支援とおき、階層的重回帰分析を行いました（N=517：R^2値=.220 Adjusted R^2値=.194 p<.001）。

第4章の振り返り

●挑戦課題①「部下育成」を克服する

「対象」「経験」「職場」の3つに分割して考えよう。

●挑戦課題②

- **「目標咀嚼」を克服するには「ポジティブ・ストーリー」をつくろう**
- **「政治交渉」を克服する〈上司編〉**

①現状理解、②日常的な関係構築、
③段取りをふんだ客観的なロジックが大切

●挑戦課題③「政治交渉」を克服する〈他部門編〉

①現状理解、②日常的な関係構築、
③「数字」と「錦の御旗」の提示が大切

●挑戦課題④「多様な人材活用」を克服する

職場を見ることを通して、人間関係、人間の性質を見抜くこと。

●挑戦課題⑤「意思決定」を克服する

①現場から学ぶこと、②メリットとリスクを計算する、
③決めきり、やりきること

●挑戦課題⑥「マインド維持」を克服する

孤独にならないよう、耳を傾けてくれる「他者」の存在をメンテナンスする。

●挑戦課題⑦「プレマネバランス」を克服する：
自分の「時間」を見直す

自分の時間を見直して、「他人に任せられること」「自分がやらないこと」を決めよう。

第5章　マネジャーの躍進のため、会社・組織にできること

マネジャーを育成するために何ができるか？

さて、1章から4章にいたるまで、僕たちは「マネジャーとはどのような存在か」を考え「マネジャーになることが難しくなっていること」「マネジャーには挑戦課題があること」を知り、それをどのように乗り越えていけるのかについて考えてきました。ここまでの記述の読み手は「現場のマネジャー」の方を想定して、僕は書いてきたつもりです。

本章では、この読み手を変えます。主に、人事部の方々、そして経営者に対して、マネジャー育成の問題を簡潔に語ろうと思うのです。

「マネジャーが実務担当者から生まれ変わることができるかどうか」そして「マネジャーが成果を出せるかどうか」は、マネジャー個人の努力もさることながら、彼／彼女ひとりだけの努力で完遂するものではありません。会社・組織による支援がどうしても必要になります。

ひとりの人間を「マネジャー」に昇進させるということは、「経営のフロントライン」に迎え入れる、ということです。彼／彼女に成果を求めるのならば、それに必要な資源と支援を与えることは、大切なことです。しかし現在、その支援は必ずしも多いわけでありません。

たとえば、2012年に日本経済団体連合会（日本経団連）が行った調査「ミドルマネジャーをめぐる現状課題と求められる対応」によると（N＝２９３）、マネジャーは「自分の仕事に誇りを持っている」（肯定的回答：92％）「自分の仕事に充実感がある」（同、87％）という回答をする一方で、「自社の教育訓練施策（ミドルマネジャー向け）の内容について満足している」に対しては、否定的回答をした者が54％、「自社の教育訓練施策（ミドルマネジャー向け）で、業務遂行に必要な知識やノウハウは得られている」に対して否定的回答をした者が56％にのぼりました[1]（図表20）。

自分の仕事には誇りややりがいを感じている一方で、会社から提供されている支援や資源に関しては、不満を持っているということです。その不満は「自分の年収」（報酬水準については79％が肯定的に回答）などに対するものよりずっと高いのです。

繰り返しになりますが、**マネジャーを組織の最前線に立たせるのならば、それに対する支援を組織側が提供しなくてはなりません。**そのための施策やヒントを本章では考えてみましょう。

まず、一般的な会社では「マネジャーに対する支援」がどのように行われているのかを振り返ります。その上で、人事部・経営者それぞれに対して、マネジャー育成の問題を語らせていただきたいと思います。

一般的なマネジャー「支援」？

一般的な会社では、実務担当者からマネジャーへの生まれ変わりに対して、どのような「支援」を行っているのでしょうか。

この問いに関しては、さまざまな答えがありうるでしょうが、僕は、この問いを自ら掲げつつも、それに対する答えを出そうという段になると、思わず口籠もってしまうことを正直にこの場で吐露しないわけにはいきません。誤解を恐れず申し上げるならば、**「マネジャー目線に立った組織からの支援」はきわめて少ない**と思うからです。

最近になって、マネジャーのトレーニング機会を増やしたり、マネジャーのためのメンター（世話役）制度を構築したりする企業が出てくるなど、多少の変化は見られるようになってきました。しかし、全体的に見て、企業のマネジャー支援策は非常に限定的であると言わざるをえません。

まず一般的なマネジャー「支援」として行われているものとしては「**階層研修**」があります。実務担当者からマネジャーになる「節目」において最も実践されているのが、人事部の

図表20　マネジャーの満足度

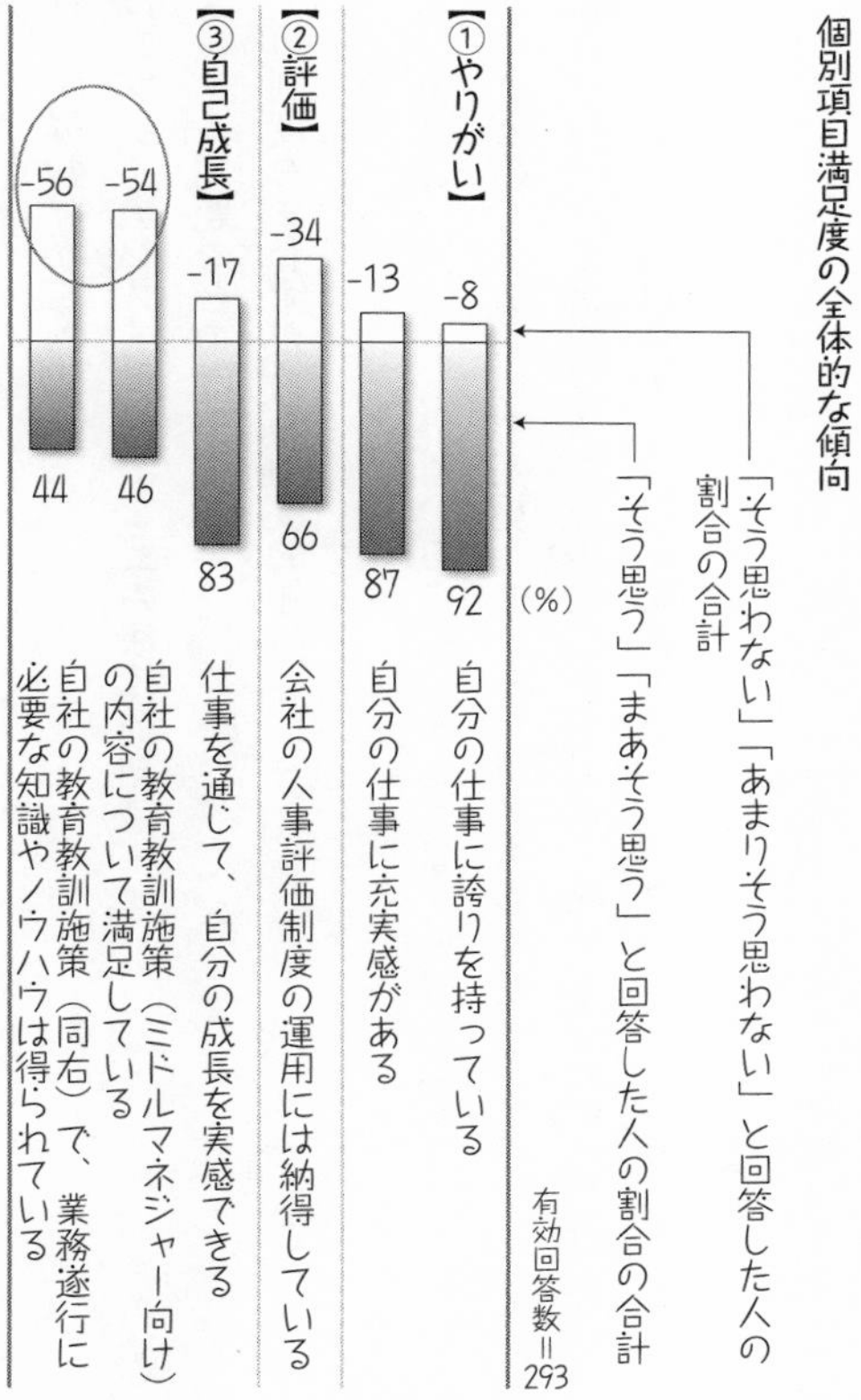

出所）日本経済団体連合会「ミドルマネジャーをめぐる現状課題と求められる対応」（2012年）p4より引用

主催する「階層研修」ですが、だいたい内容は下記のようなものではないかと思います。

1. 社長・経営陣からの訓話
2. コンプライアンス・労働法などの法律的知識
3. メンタル問題などの医療知識
4. 人事制度をまわすための制度的知識

もちろん、組織といっても、いろいろな組織がありますので、これらの知識にとどまらず、実務に活かすことのできる研修を実施しているケースも多々あります。また、これらすら教えず、ある日突然、従業員をマネジャーに任命している組織もないわけではありません。

しかし、もし1~4の項目が、階層研修のよくあるパターンだということを仮に是として、あらためてこれらを見つめ直してみますと、2つの内容に気づかされます。

まずすぐに気づかされるのは、これらの内容は「会社側の都合」でなされていることです。

別のうがった見方をすれば、これらは「マネジャーになる人に、会社が言っておきたいこと」「マネジャーになる人に、あらかじめ組織が言っておいたとしなければ、何かがあった時に組織が窮地に立たされるもの」なのです。誤解を恐れず申し上げるならば、これらは**「マネジャー本位」の学習内容ではありません。**

第二に気づかされるのは、これらはマネジメント一般に付帯するさまざまな知識やスキルを扱っていますが、「マネジャー自身にとってマネジメントとは何か」「マネジャーとしてこれから何を行わなければならないか」「マネジャーとして何かを行うに当たっては、どんな困難があり、それをどう乗り越えるのか」というマネジャーの変化そのものを扱っているのではないことに気がつかされます。社長の訓話によって社長の思いを知っても、法律的知識・医療知識を知っても、はたまた人事制度をまわすための諸制度に関する知識を知っても、マネジメントそのものが最初からできるわけではありません。

要するに、そこに**足りていないのは、マネジャー個人の目線に立つ視点。そして、マネジャーがマネジメントとは何で、どのようにやっていくのかを、改めて学ぶ機会**なのです。

しかし、それでも階層研修があるだけマシという話もあります。会社・組織の中には、そうした機会すら整備せず、先輩上司からの薫陶のみにマネジャー育成を依存しているところもあるそうです。

以前、ある会社の若手マネジャーのヒアリングをした時のことです。あれこれ話していると、その人はボソッと言いました。

「マネジャーになったばかりの頃、上司にアドバイスを求めたら、**ひと言、〝ラオウになれ〟って言われたんですよ**」

ラオウとは、マンガ『北斗の拳』に登場する最強キャラであり、世界を暴力と恐怖で支配した覇王の如き存在です。周囲の人の言うことに聞く耳を持たず、己の意を力ずくで通し、歯向かう者はなぎ倒す、そんな強面《こわもて》のイメージで描かれています。「ラオウになれ」とはつまり、部下に恐怖心を与え、自分の主張をゴリゴリと押し通し、ついてこられる人だけがついてくればいい、というような〝弱肉強食マネジメント〟をさしています。

この若いマネジャーの方が「でも、僕はキャラ的には、それは無理だし、それがよいマネジメントだとは思えないんです」と話していたことがとても印象的でした。

ラオウのようなマネジャーがよいマネジャーなのかどうか、僕にはよくわかりません。現時点でのその組織のマネジメントにはラオウ型が適しているのかもしれないので、判断には慎重になる必要があります。が、それにしても、マネジャー育成のヒントが「ラオウにな

『北斗の拳』のラオウ（©武論尊・原哲夫/NSP 1983）

れ」という「上司からの薫陶」だけであったとしたら、いささか心もとない気もします。もちろん、「ラオウになれ」という言葉だけでも相談にのってくれる上司がいてくれるだけで幸せ、という視点も存在します。中には、マネジャーには任命するものの、任命するだけで放置、という組織も存在します。そして、その割合は、そう少ないわけではありません。

繰り返しになりますが、このような現状で本当に2章で論じたようなマネジャーを襲う環境変化を乗り越えることはできるのでしょうか。僕は、そのようには思えません。

マネジャーに経営のフロントラインを任せ、組織の中核をになわせるのであれば、合理的かつ戦略的な支援のあり方を考える必要があります。

人事・人材開発部の皆さんへ：メンタリングの機会とフォローアップ研修

それでは、会社・組織は、マネジャーに対して何ができるのかを考えてみましょう。この問いに対する答えとしては**「今いる経験の浅いマネジャーに対して行われる〝支援〟」と「これからのマネジャーのために行われる中長期の視野にたった〝育成〟」という2つの視点が存在します。**

まず第一に「今いる経験の浅いマネジャーに対して行われる〝支援〟」について考えます。

今いる経験の浅いマネジャーに対して最も有効だと思われるのは、「**メンタリングの機会を設けること**」と「**フォローアップ研修**」などを充実させることとです。先行研究の知見によりますと、なるべく早い時期に、**マネジャーになる前やなった直後、すなわちエントリーレベルにおいてさまざまな施策を行うことの方が効果的である**とされています[2]。

まず、第一の「**メンタリングの機会**」ですが、これはひと言で申しますと、「**経験の浅いマネジャーに一定期間、メンターを割り当てること**」**です。**メンターには、「経験があり、皆から一目置かれる先輩マネジャー」がよいでしょう。「マネジャーになること」も、やはり「鉄は熱いうちに打て」なのです。

メンタリングは一般に新人などの初期キャリアを歩む人に割り当てられることが多いですが、これからの時代は、これをマネジャーにも拡張することも一計でしょう。新人に対するほどには、丁寧でなく、かつ、頻度も少なくていいと思います。困ったとき、判断に迷ったときに、相談できる人を準備しておくことが重要です。**マネジャーがマインドを平静に保ち、かつ職場業績を出し、能力を発揮していくためには、「他者」が必要であることは、４章で見たとおりです。メンタリングの機会は、そのような他者を人為的につくる機会**です。たとえば、僕が、マネジャー向け研修でかかわったある会社では、経験ある先輩マネジャーが支社をまわり、経験の浅いマネジャー向けに、メンタリングを行っていました。メンタリングは、皆から一目おかれるシニアマネジャーが当たっており、再雇用された人とのことでした。

もちろん、マネジャーともなれば、そうした人くらい自分で見つけてくるよ、と言う人も多いと思います。そうであるならば、「マネジメントをやっていけば、いろいろ悩むこともあるはずなので、ぜひ、そういうかかわりを大切にしてほしい」とメッセージングを研修などで行うだけでも違うのかもしれません。1章で述べたように、**マネジャーになる前に、リアリティ・プレビュー（マネジャーになってから起こることを知る機会）を得るのは、とても大切なこと**です。重視しなければならないことは、「**マネジャーを孤独にしないこと**」このひと言につきます。

次に「**フォローアップ研修**」です。これは「**マネジャーになって半年から1年ほど経った経験の浅いマネジャーに、自分の職場・部下・上司を振り返る機会を与えることと、次のアクションを決める機会をつくること**」です。ワークショップや研修などで実施するとよいのではないかと思います。僕自身も「マネジメント・ディスカバリー」と呼ばれるワークショップを開発したことがありますので、こちらを例に考えてみましょう[3]。企業内部でも実践可能だと思いますので、ぜひ参考にしていただければと思います。

少しでもマネジメントを経験したことのあるマネジャーを対象にし、1日～2日間程度のワークショップを実施しています。自分の職場、マネジメントのあり方をじっくりと振り返ること、マネジメントの原理原則をもう一度学び直すこと、その上で今後自分がどのように職場を変え、成果を出していくかを決めることを、その目的としています。

ワークショップ全体をデザインするに当たって気をつけたことは2点あります。1つは、この場を「安心で前向きな場」にすること。もう1つは、この研修に「真剣に思索ができる時間」を盛り込むことです。受講者が、自分自身や自分が働いている職場について深く内省するためには、心理的安全、つまり何でも本音で話せるような雰囲気が確保されていなくてはなりません。加えて、受講者が自分のめざすマネジメントと、そこに向けての道筋を発見していくためには、真剣に思索できる時間が必要となります。

マネジメント・ディスカバリーの特徴的なプログラムをいくつか見ていきましょう。

まずこのワークショップでは、僕を含むファシリテーター（議論の進行を促す人）が受講者のマネジャーたちと同じ目線に立ちます。自己紹介を簡単に済ませ、目的を説明した後で、研修冒頭部で最初のメッセージを伝えます。それは「マネジャーは程度の差こそあれ、皆、

ホワイトボードに書き出された挑戦課題の数々（撮影・中原淳）

挑戦課題に向き合っている」ということです。

プログラムの冒頭では、受講者たちにマネジャーとして抱えている挑戦課題をお尋ねし、ホワイトボードに書き出します。そうすると、ホワイトボードは、あっという間に文字でいっぱいになります。しかも、それらはおおむね似たり寄ったりです。「組織の目標が高い」「言いたいことが部下に伝わらない」「年上の部下の扱いに困っている」「部下や上司に自分がどう映っているのかが気になる」……など、文言はいろいろですが、本書で取り上げてきた7つの挑戦課題にまつわる言葉ばかりが並びます。

ファシリテーター側からは調査で得られた定量的なデータも出して、多くのマネジャーは不安と課題を持っているのだということを強調し

レゴブロックで、自分の職場の状況を表す（撮影・中原淳）

ます。そうやって、まずは、悩んでいるのは自分ひとりではないということに気づいてもらうのです。

ワークショップのテーマは、初日が「職場・部下を知る」、2日目は「自己を知る」と「上司・組織を知る」となっており、最後は「統合ワーク」を行います。

1日目の職場と部下を知るワークショップでは、受講者はグループに分かれ、各自がレゴブロックを用いて、自分の職場の状況を表すオブジェをつくります。

このワークの目的は、自分の職場とそのメンバーの特徴を俯瞰し、可視化することです。オブジェができ上がったら、グループ内で受講者同士がそれぞれの職場について語り合います。

その際、誰かが話している内容は別の誰かが書き取っておくようにし、話した人に対して、書き取った人が意見を述べます。たとえば「うちの職場では年上の部下の扱いに困っていて」と話した人に対して、「年上の部下は、どんな方なのですか？」などと質問・コメントをし合う。そうすると、受講者は、自分がふだん感じていることと、自分の話を聞いて他の受講者が感じたことが必ずしも一致しないことに気づきます。大事なのは、こうした「ずれ」です。**受講者は他者との対話から生じる「ずれ」によって心を揺さぶられ、そのことが、今後、自分は職場や部下をどうしたいのかという内省につながります。**

2日目の自己を知るワークショップでは、受講者に「私の履歴書」を書いてもらいます。といっても、自分で書くのではなく、2人1組のペアをつくってお互いにインタビューをし合い、それぞれが「相手の履歴書」を書きます。

インタビューは各組だいたい3時間ぐらいです。ペア同士は交代で自身のキャリアを振り返り、自身のマネジメントスタイルに影響を与えた経験やそのときの感情について語ります。その後、1時間ぐらいをかけて、お互いに相手の履歴書を執筆します。文字数は1600字程度です。文章としては短めですが、受講者それぞれが本当に大切にしていることを鮮明に

2人1組でインタビューし合って「相手の履歴書」をつくる（撮影・中原淳）

浮き上がらせるため、あえてこの文字数に制限させていただいています。

このワークショップはかなり長時間で、なおかつ濃密な時間となるため、受講者はかなりの疲労を感じるようです。そして、ここでも「ずれ」が生じます。自分が大事だと思って話したことが、ペアの相手がまとめた文章にそのままストレートに反映されるとは限らないからです。

しかし、他者のフィルターを通したストーリーは、自身のマネジメントを支える軸、信念や価値観の再発見につながりますし、それを手がかりとして、自身のマネジメントスタイルを深化させるきっかけをつかむこともできます。できあがった履歴書は研修会場に掲示し、受講者全員が閲覧できるようにします。皆さん、びっ

自分の上司を即興で演じてみる（撮影・見木久夫）

くりするぐらい熱心に読まれています。

同じく2日目の上司と組織について知るワークショップでは、インプロビゼーション（即興劇）をやります。受講者はそれぞれ自分の上司の役になり、たとえば役員から呼ばれて「もっと成果を出せと指示された」といった具体的な場面を想定して、その時の上司の反応やセリフを自分で考えながら演じます。

当初、ビジネスパーソンにとってインプロビゼーションは少々ハードルが高いワークかなと思わないでもありませんでしたが、実際にやってみたところ、そのような心配はまったく無用でした。皆さん、とても張りきって演じられますし、中には積極的に笑いをとりにいく人もいます。そして、そうやって上司になりきり、上司が言いそうなセリフをしゃべっているうちに、受講者は、自分の上司が置かれている状況や、上司が大切にしている価値観をあらためて知ることになるのです。

このワークショップでも受講者同士の対話は欠かせません。上司を演じた後の受講者が、他の受講者の感想を聞いているうちに、自分がそれまで描いていたのとは異なる上司像に気づくこともあります。即興劇が終わった後は、それぞれ、上司を中心とした組織ネットワーク図を描くこともあります。ふだん受講者は「自分と上司の関係」ばかりにとらわれがちですが、上司を中心とした社内の人間関係を図に表すことで、上司もさまざまな利害関係の中にいることが確認できます。そうやって上司を客観視し、上司とよい関係を構築しながら自らのマネジメントで成果を出していくための道筋を描いてもらうことが、このワークショップの目的です。

最後の統合ワークは、受講者がこれまでのプログラムを振り返るためのものです。受講者は自分の「ありたい姿」をイメージし、そのためにやるべきことを整理して、ストーリーにまとめます。世の中の研修では、同じようなことをアクションプランにまとめるという手法もよく用いられますが、アクションプランは、どうしても箇条書きの「やることリスト」になりがちで、それだと、めざす未来までのプロセスが見えづらくなります。そのため、この

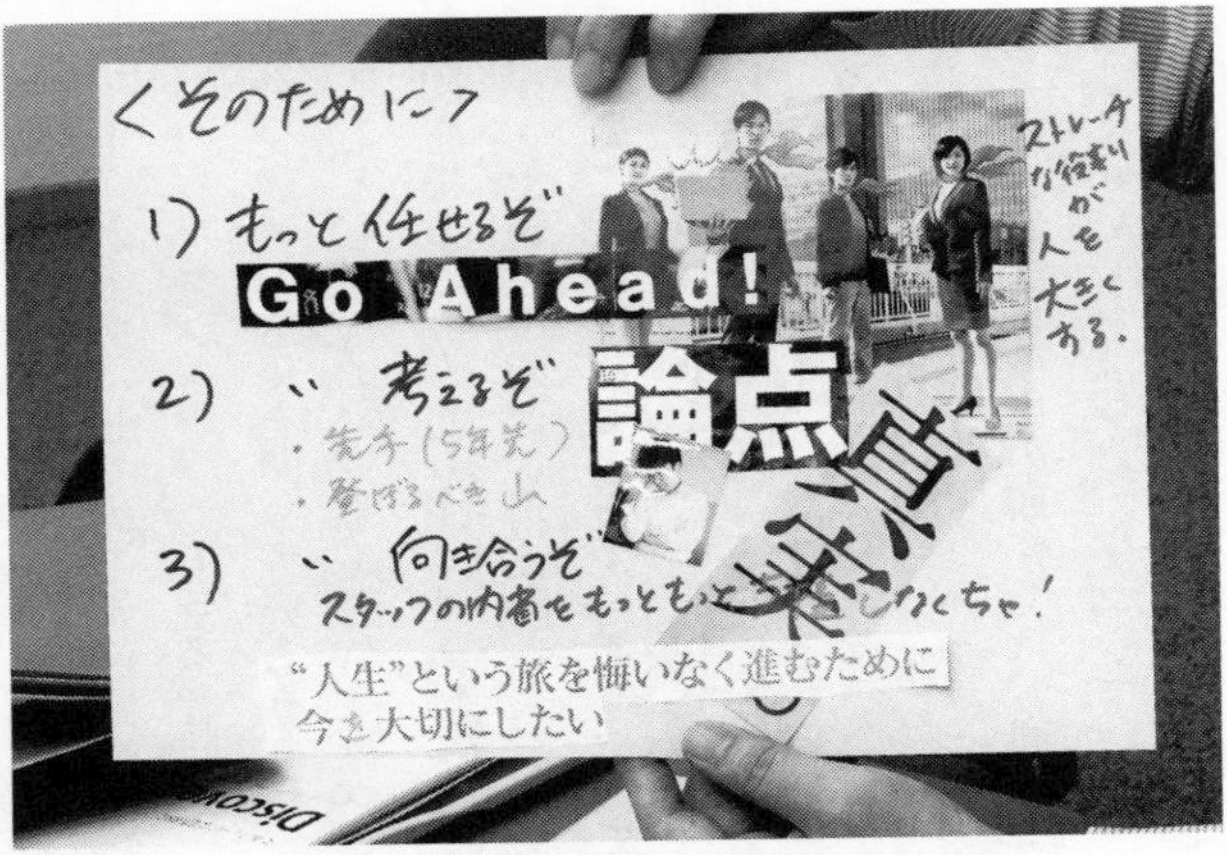

「アクションストーリー」の作品（撮影・(公財)日本生産性本部）

ワークでは、研修から3カ月後、半年後、9カ月後、1年後というふうにマイルストーンを設定し、受講者はそれぞれの節目までに何をどう実現するかという「アクションストーリー」をつくります。具体的には、5、6枚の紙芝居を制作し、そのひとコマひとコマに、自分がマネジャーとして実行するアクションを描くことで、「ありたい姿」までの道のりを時系列的に表現するのです。主催側では、各種の文房具や雑誌の写真の切り抜きなどを用意しておいて、受講者が紙芝居をつくりやすいように手助けします。紙芝居が完成した後、受講者はストーリーを他の受講者に対して語り、その実現に向けての意欲を高めます。

　大人の学習や内省は、日常を離れて行う方が効果は高まります。マネジメント・ディスカバリーでも、郊外の施設を借りてワークショップを行うようにしており、受講者に非日常的な空間で学んでもらうことを意識しています。しかし、このやり方にはディレンマがあり、研修が終わって会社や組織に戻った受講者は、非日常空間で学んだことや振り返ったことを忘れてしまいがちです。いえ、そのまま放置しておけば、日々の仕事に忙殺されているうちに100％忘れます。それぐらい日常と非日常の間には落差があります。

そこで、マネジメント・ディスカバリーでは、研修が終わって3カ月後、半年後、9カ月後といったタイミングに合わせて、事務局から各受講者に対して、それぞれがつくった紙芝居のページをメールで自動送信します。そうすると、受講者たちは自分がそのタイミングで達成すべきことを思い出せます。つまり、この**紙芝居は受講者にとってのリマインダーの機能も果たす**のです。

以上、マネジメント・ディスカバリーについてご紹介させていただきました。フォローアップワークショップのかたちは、マネジメント・ディスカバリーのものが唯一絶対というわけではありません。業種・業態にあわせて、さまざまなものがありうると思います。人事・人材開発部で働く企業内部でも実践可能だと思いますので、ぜひ参考にしていただければと思います。

先行研究によると、マネジメント研修の効果は確かに存在し、また投資対効果も存在することがわかっています。しかし、同時にその効果は「分散が高いこと」もわかっています。[4] **要するに、「マネジメント研修には効果はあるけれど、その効果は、どのような研修をなすかで大きなバラツキがある」ということです。**[5] 現場のニーズに応えた創意工夫のある、振り返りとアクション・テイキングに満ちた研修にしたいものです。

近年では、「新任・若手マネジャー成長支援」も次第に充実しつつあります。僕も連載・寄稿をしている人事専門誌『人材教育』の2013年8月号では、「新任・若手マネジャー成長支援の仕組み」と題した特集記事の中で、ファイザー、アサヒビール、オリエンタルランドを例に取り上げていました。

それによると、まずファイザーでは、新任マネジャー研修の中に、マネジャー同士がディスカッションしながら学べるワークショップを取り入れています。そこでは、マネジャーが実際に現場で直面するようなテーマを設定し、マネジャーたちが議論し合います。

研修そのものは、「新任管理職研修」（1年間）と「新任ラインマネジャー研修」（2年間）という長期のパッケージで実施されており、ほかにもマネジャー同士が対話する機会が多く用意されています。そのため、**マネジャーたちはお互いに「悩んでいるのは自分だけではない」と思えるようになり、部門や部署を越えたつながりも生まれる**といいます。

同社の研修にはマネジャーの上司も関与します。上司による面談やＯＪＴがプログラムに含まれており、上司から新任マネジャーに対して具体的なアドバイスがなされます。

一方、アサヒビールでは、数社との提携によって「武者修行研修」を行っており、マネジャーになる手前の人材を選抜し、異業種企業に1年間、派遣しています。これはマネジャー育成を直接の目的としたものではありませんが、**出向者にとっては視野を広げる機会、自社や自分について内省する機会となります。**マネジャー以前の人材にとっての貴重な学びの場です。

また、同社では、一般的な新任マネジャー研修のほかに、マネジャー同士が多面的評価の結果をもとに話し合うマネジャーミーティングを年1回行っており、そこではマネジャーたちがさまざまな課題を持ち寄って、アクションプランを策定します。アクションプランの実行にあたっては、マネジャー同士による「ペア（ピア）コーチ」という制度も設けており、マネジャーたちは2人1組になって、年間を通してお互いをフォローし合います。これにより、マネジャー同士が情報交換したり、悩みを打ち明け合ったりすることができます。

東京ディズニーリゾートを運営するオリエンタルランドでは、マネジャーになる手前の人材のために、半年から1年程度の「トライアル期間」を設けており、これをマネジャーへの移行の準備期間としています。その間、トライアル中の人材はマネジャー業務の基礎について研修で学ぶだけでなく、自分で希望を出して他部門の上司にメンターになってもらいます。マネジャー昇進後の支援も手厚く、部下の声に基づいた組織診断、人事部門による面談などを通じてマネジャーの内省を促します。マネジャー同士が対話を通じて情報交換し合う「課題共有会」も設けてあり、そこでは新任マネジャーたちが具体的な体験やそこから得た教訓などを話し合います。

これら3社はマネジャー支援にきわめて熱心に取り組んでいる先進的な企業だと言えます。会社ごとにアプローチ、やり方は異なりますが、本書で述べてきたこと、たとえば「経験を振り返ること」「他者を必要とすること」などのエッセンスが、それぞれの試みに活かされていることがわかります。

人事・人材開発部の皆さんへ：中長期の視野に立った〝育成〟

次に「これからのマネジャー育成」のために人事・人材開発の観点から何ができるかを考

えてみましょう。これに関しては「将来のマネジャー候補を安定的に供給するべく、人材育成のプロセスすべてを見直すこと」で腹をくくるしか方法はないと思います。**要するに「新入社員から実務担当者をへてマネジャーになっていく人材育成プロセス」をすべて見直し、そこに「未来への投資」を行うということです。**簡単ではないことは承知しています。しかし、誤解を恐れず申し上げるのであれば、**マネジャー育成とは、「マネジャーに対してのみ行われる人材開発」ではありません。むしろ「新人―実務担当者―マネジャーに至るプロセスを整備していくこと＝あらゆる階層に対して人材育成をすること」なのです。**地道な努力こそが、中長期には実を結ぶのです。

具体的には、どういうことかを考えてみましょう。

まず入社時の新入社員の課題とは何でしょうか。それは組織に適応し、組織で仕事を為していくために必要な知識やスキルを蓄積し、さらには組織の人になっていくことです。これは、3年がひとつの「分水嶺」になります。

この期間、しっかりと仕事にうちこみ、適職感覚（この仕事に自分が向いているなという感覚）を身につけ、さまざまな経験をこなし、振り返りつつ、少しずつ組織の人になっていくことが求められます。

問題はこれ以降です。

早い職場では働き始めて1年経った後から、自分の職場に新入社員や自分より若いメンバーが入ってくるケースが出てきます。そこで実施されるのが「ＯＪＴ指導」です。すなわち、自分よりも経験の浅いメンバーに対して、今度は自分が仕事を教えなければならない局面がでてきます。会社によっては、ＯＪＴ指導員・ブラザー／シスターというさまざまな呼称で、その役割を認定し、辞令交付を行うところもあります。

ＯＪＴ指導と言うと、一般的には「面倒くさいもの」「できれば避けたいもの」と考えられる人もいるのかもしれません。ただでさえ自分の数字を追うのに精一杯なのに、これ以上、他人の面倒まで見ていられないという意見は、現場でよく聞かれます。中には「まだ経験の浅い僕／私が教えるなんて、おこがましい」という声もあります。

しかし、**このＯＪＴ指導こそが「マネジャー育成」の第一歩なのです。なぜなら、ＯＪＴ指導のプロセスにおいては、「下をよく見ること」「下にわかりやすく説明すること」「下にフィードバックをすること」を覚えなくてはなりません。場合によっては、若手−マネジャーの間で調整役にならなくてはならない局面もでてきますし、自分としても数字を追っているので、プレイとマネジメントのバランスをとらなくてはなりません。**このことについて、自動車会社におつとめのIさんは下記のように語ります。

OJT指導は、今後は自分もマネジメントのことを意識しなきゃならないなと思うきっかけ。ほめることが大事だとか。あと、後輩がついて、自分の役割が変わったと思うんでしょうね。自分がやってきたことをアウトプットする役目になっちゃう。そこから先は、どこからどこまでを上にあげるか。真ん中にいて、すべてを上司にあげていたんじゃ、話にならない。指導員になると、微妙なさじ加減もおぼえますね。

（自動車／Iさん）

Iさんがここで述べていることは、OJT指導に埋め込まれている役割変化のきざしです。Iさんは会話の冒頭部において「OJT指導は、今後は自分もマネジメントのことを意識しなきゃならないなと思うきっかけ」と述べています。この言葉からもわかるとおり、OJT指導は「マネジャーで必要になる能力」を部分的に身につけるための経験がひと揃い入ったパッケージであり、そこで、人は「**ミニマネジャー経験**」を持つことができるのです。

4章では部下育成の項で、関根雅泰さんの研究を紹介し、OJTは、指導員がひとりで抱え込んでしまうよりも、職場内外の人たちと協調、分散して新人を指導した方がうまくいくと述べました。つまり見方を変えれば、**ＯＪＴとは、新人の育成という目標に向かって周囲の人々を巻き込む経験、指導員のリーダーシップ経験だということです。後輩を持つようになった実務担当者は、リーダーシップの事前学習にすでに入門していると言えるのです。**

ＯＪＴ指導が持つ「マネジャー育成効果・リーダーシップ開発効果」に関する研究には、現在、僕と関根雅泰さんとの共同研究で取り組んでいます。この研究では、数社の人事部・人材開発部の方々に協力していただき、ＯＪＴ指導を通してＯＪＴ指導員自身がどのような変化をとげるのかを、長期にわたり追跡調査をしています。追跡回数が複数にわたる長期の研究ですので、まだ詳細な効果は明らかになっていません。が、現段階で少なくともＯＪＴ指導を通して、**多くのＯＪＴ指導員が人に何かを説明する時に「他人に理解しやすいように説明しようとする意識」を獲得していることがわかってきました。**本章にひきつけて語るのであれば、重要な挑戦課題のひとつである「目標咀嚼」に関係してくる内容です。

より詳細なデータはまだまだこれから分析が行われますが、ＯＪＴ指導の持つ「マネジャー育成効果・リーダーシップ開発効果」は、非常に注目されます。

また、後輩を職場に迎え、彼／彼女の面倒を見つつ、同時に課題になってくることは、ど

図表21　他人にわかりやすく説明しようとする意識の伸び※

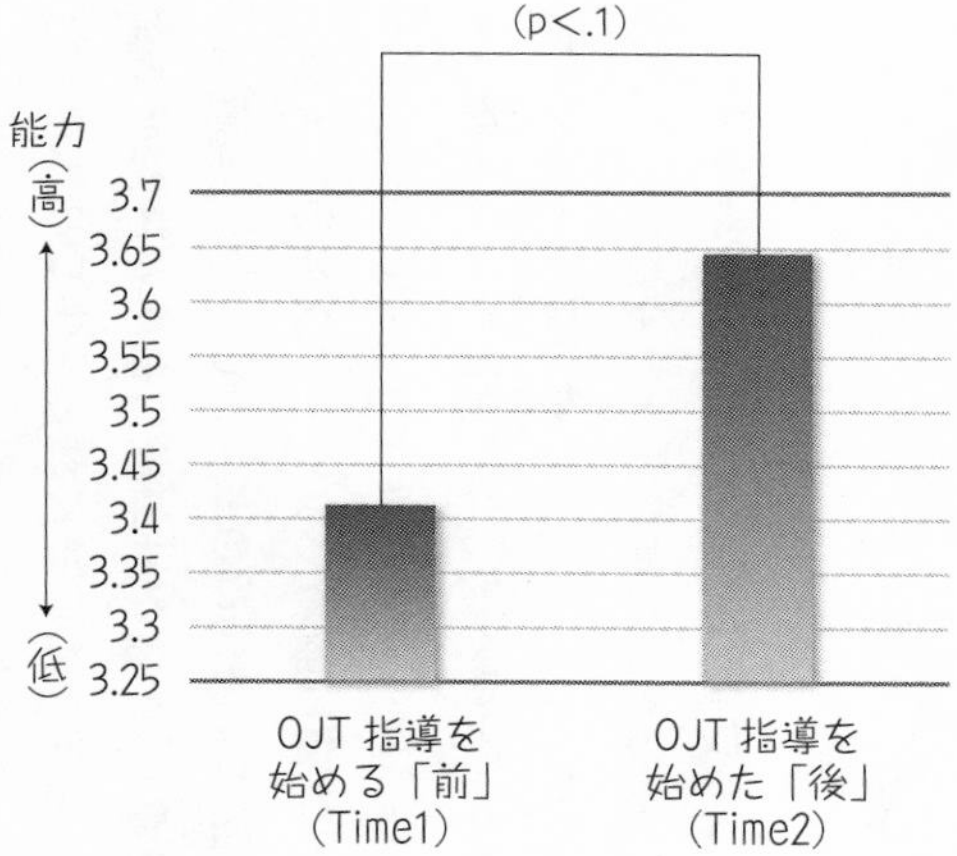

※精密機械メーカーのOJT指導員の方々(N=45)に対する縦断調査の中間分析結果です。縦軸は、「他人にわかりやすく説明しているか」に対する自己評定値で1から5の間をとります。横軸は時間です。対応のあるt検定の結果、両時間のあいだには統計的有意傾向の伸びがあることがわかりました(paired t-test $t=-1.814$ $df=44$ $p<.1$)

のような業務経験を積むか、ということです。

ＪＰＣ東大調査の分析では、３年目以降の周囲よりは責任の重い仕事がマネジャーの成長に資していることがわかっています。[6] 特に重要だと僕が考えているのは、**「普段のオペレーションとは異なる視点を変える仕事に従事すること」「管理職の代行経験をはたすこと」**であると考えています。僕は、こうした仕事のことを**「目線を上げる仕事」**と呼んでいます。

人は、とかく**ルーティンのオペレーション業務に慣れてきますと、「目線が下がって」きます。**もちろん仕事を丁寧にこなすことは大切なことです。しかし、いつものように、昨日と同じように業務をこなすことが過剰になってくると、仕事はマンネリ化してくるのです。

しかし、将来のマネジャー候補になる人材は、こうした丁寧な仕事に加えて、３年目以降には、ルーティン業務を「こなすこと」に甘んじるのではなく、**「全社の目線で仕事をしたり、管理の代行につながるような仕事」**を徐々に為していかなければならないのです。その中では「経営者の目線」に立ったり、「経営に近い人脈を身につけたり」、管理のマネゴトのような経験をするかもしれません。こうした長期の学習プロセスによって、将来のマネジャー候補が生まれてきます。

このことは、北海道大学大学院の松尾睦教授の研究においても、すでに実証されています。

松尾教授の分析によれば、**優れたマネジャーになる人は「部門を越えた連携」「全社レベルの変革」に従事するほか、「部下育成」の経験を積んでいると言います。**[7]

目線を上げる仕事をいかに付与するか。これを具体的に為すためには、ジョブローテーションを見直したり、マネジャーと部下の間の目標管理や仕事の振り方等を見直していく必要がありそうです。場合によっては、マネジャーに対して「人材育成」を見直すようなワークショップなどを行うことも選択肢のひとつかもしれません。いずれも簡単な道ではありません。しかし、地道な取り組みが、将来の実りを決めます。

企業経営者の皆さんへ

ここまで、マネジャーの学びをどう支援するかという問題について考えてきました。章をしめくくるにあたり、**マネジャー育成に関して直接の決裁権をもっている企業の経営層の人たちに向けても、メッセージをお伝えしておきたいと思います。**

マネジャー育成において意識改革が最も求められているのは、企業の経営層、とりわけトップではないかと僕は思っています。まずもって**ぜひお願いしたいのは、「経営層自らが学んでください」**ということです。あらゆる**組織変革にとって必要十分条件となるのは、経営**

層の率先垂範・言行一致です。自らの従業員に学んでほしいのであれば、まずは自らが「学ぶ存在」になることです。経営層が自ら学ぶことを実践し、それを下にも普及させていくことです。

それでは、**経営層にとって学びとは何でしょうか？**

誤解を恐れずにいうならば、それは**経営層「だけ」が学ぶことではありません。**[8] **経営層の教育というと、思想や哲学などの高尚なものを学ぶ、というイメージがありますが、それは貴重な機会であるものの、それだけでは不足です。経営層にとって「学ぶ」とは、自らが学ぶことでもありますが、それは、自社の社員の学びの環境を、自らが整備していくことに他なりません。「経営層が学ぶこと」とは自分自身が学ぶことであり、「自社の社員の学びの環境を整備していくこと」です。そのふたつができて、はじめて「学んだこと」になるのです。**

現在の経営層は多くの場合、高度成長期に現場にいた世代です。そして、そうした世代は、とかく現在の現場の変化を考慮せず、「マネジメントの不在」をマネジャー個人のせいにしてしまいがちです。「今のマネジャーはたるんでる」「最近のマネジャーは気合いがはいっていない」といった具合に、すべての責任をマネジャー個人に押しつけがちです。

そして、そういった決めつけは、現役のマネジャーたちにも影響を与えています。環境が変化し、個人の努力ではいかんともしがたい事態も生まれうるのに、「できてあたりまえ」「できなくては恥ずかしい」と考えてしまい、自分で自分を苦しめているマネジャーが少なくありません。

この状況を変えるために、企業の側からマネジャーに手を差し伸べてほしいと僕は思っています。特に経営層の人たちには、「自分たちの会社からミドルマネジャーがいなくなったら、どうなるか」ということを想像してみてほしいと思います。

日本企業では今もなお、ミドルマネジャーがトップとボトムの間をつなぐ「ミドルアップダウン・マネジメント」が機能しています。マネジャーが会社を支えている以上、マネジャーへの支援が重要な経営課題であることは自明のはずです。経営層の人たちには、ぜひ現場に降りていって、マネジャーたちの声に耳を傾けていただきたいと思います。マネジャーの仕事をより魅力的なものにしていくため、処遇改善にも手をつけていただきたいと思います。

今のミドルマネジャーの多くが、抱えている業務量、果たすべき役割に見合うだけの報酬を受け取っているとは思えません。マネジャーになって仕事が増え、なのに残業代は支払われず、結局、手取りは実務担当者の頃と変わらない、あるいはむしろ下がった、というマネジャーもいます。

このままでは、優秀なマネジャーほど、より待遇のいい仕事を求めて転職を繰り返すような構造ができてしまいかねません。そのような構造を是とするのか非とするのか。今は、企業の側が大きな岐路に立っている時期なのではないかと思います。


さて以上、本章では、「マネジャーの成長を支援すること」について、人事部に所属されている方々、そして経営層の方々に何ができるかを論じてきました。

第6章では、「マネジャーになること」について、さらに濃密なマネジャーの語りをお届けしたいと思い、現役マネジャー3人とマネジャー経験者1人に声をかけ、「マネジャーの現実」について語り合っていただく座談会を開催しました。彼らの語りからは「マネジャーとして生きていくこと」に対して勇気をもらえるものと思います。マネジメントに向き合っているのは、1人ではありません。

第5章 注

1　日本経済団体連合会（2012）ミドルマネジャーをめぐる現状課題と求められる対応
http://www.keidanren.or.jp/policy/2012/032.html

2　マネジャーになりたてのエントリーレベルの萌芽、マネジャー向けの人材開発施策は奏功しやすい傾向があります。
Powell, K. S. and Yalcin, S. (2010) Managerial training effectiveness: a meta-analysis 1952–2002, *Personnel review*, Vol. 39 Issue 2 pp. 227–241

3　マネジャー向けフォローアップ研修「マネジメント・ディスカバリー」
https://jpc-management.jp/md/index.html

4　Burke, M. J. and Day, R. R. (1986) A cumulative study of the effectiveness of managerial training, *Journal of applied psychology*, Vol. 71, pp. 232–245
Collins, D. B. and Holton, E. F. III (2004) The effectiveness of managerial leadership development programs: a meta-analysis of studies from 1982 to 2001, *Human resource development quarterly*, Vol. 15, pp. 217–248

5　投資対効果においても、マネジャー研修には非常なばらつきがあります。たとえばChocahrdらの研究では、158名のマネジャーから集めた10種類のマネジャー研修データをもとに、マネジャー研修の投資対効果を分析したところ、すべての研修において効果が見られましたものの、ROI（投資利益率）という観点では、−55～1996%のばらつきがありました。
Chochard, Y. and Davoine, E. (2011) Variables influencing the return on investment in management training programs, *International journal of training and development*, Vol. 15 Issue 3 pp. 225–243
Morrow, C., Jarrett, Q. and Rupinski, M. (1997) An investigation of the effect and economic utility of corporate-wide training, *Personnel psychology*, Vol. 50 Issue 1, pp. 91–117

6　従属変数に「マネジメント能力」、Model1の独立変数に統制変数（年齢・性別等・部下人数）、Model2には「経験学習能力尺度」を投入、Model3には「1年目から3年目まで重要な経験をしたかどうかの主観的評定」「3年目以降に重要な経験をしたかどうかの主観的評定」を投入し、階層的重回帰分析を行いました。モデルに関しては、R^2値=.401 Adjusted R^2値=.388 p<.001の結果を得ました。Model3では「3年目以降の重要な経験」のみ統計的に有意な正の効果を得ました（β=.126 p<.001）。

7 松尾睦（2013）成長する管理職，東洋経済新報社

8 Akrofi, Clarke and Vernon (2011) Validation of a comprehensive executive learning and development measure, *International Journal of Training and Development*, Vol. 15 Issue 3, pp. 184–209

第5章の振り返り

●マネジャーを育成するために何ができるか？

マネジャーは自分の仕事に誇りややりがいを感じている一方で、会社から提供されている支援や資源に関しては、不満を持っている。

●一般的なマネジャー「支援」？

「階層研修」にはマネジャー個人の目線に立つ視点や、マネジメントを学ぶ機会が足りない。

●人事・人材開発担当の皆さんへ
マネジャーをどのように支援できるのか？

経験の浅いマネジャーには、メンタリングの機会とフォローアップ研修を。

●人事・人材開発の皆さんへ
中長期の視野に立った“育成”

あらゆる諸階層に対して人材育成をすること。

●企業経営者の皆さんへ

経営者自身が学ぶこと。同時に、社員の学びの環境を整備していくこと。

第6章 〈座談会〉生の声で語られる「マネジャーの現実」

本書では、これまで多くのマネジャーの語りを紹介してきました。僕の筆致によってどれだけリアリティが出せたかはわかりませんが、マネジャーたちの生の声を、広く社会に、そして、これからマネジャーになっていく人たちに向けてお伝えしようと努力してきたつもりです。

この章では、「ユーザー参加型」の企画で、さらに濃密なマネジャーの語りをお届けしようと思います。

本書の執筆中、僕は、東京都内の企業で働くマネジャー4人に声をかけ、勤務時間外にご参集願って、「マネジャーの現実」について語り合っていただく座談会を開催しました。参加してくださったマネジャーの方々には、事前に本書の草稿をお見せしておき、関連するエピソードやご意見をうかがいました。

4人はいずれも当日が初対面でしたが、ざっくばらんな雰囲気の中、活発に議論を交わしてくださいました。食事をご一緒しながらの約3時間は、充実した対話の場となりました。

会に参加してくださったのは、不動産会社、銀行、ＩＴ系企業、そして外資系ファッションブランドの日本法人につとめる現役のマネジャーの方々です。性別は、不動産の方と銀行の方が男性、ITの方と外資系ファッションブランドの方が女性です。

以下に当日の模様を収録します。なお、参加者の立場とプライバシーに配慮するため、お名前は伏せさせていただき、発言者名は業種名に代えています。また、本文の語り同様、本人の特定につながるような内容に関しては、加筆・修正を行っています。ご了承ください。

▼

中原 本日はよろしくお願いします。初めに自己紹介を兼ねて、皆さんの現状についてお話しいただけますでしょうか。

不動産 では、私から参りましょうか。年齢は40歳です。今年、課長職に当たるポジションになり、半年が経過したところです。ただ、ご多分にもれず、うちの会社でも私たちの下の世代の人数が少なく、そのため私の直属の部下は1人しかいません。20代の優秀な人材ですが、私との年齢差はひと回り以上あります。

IT 私は20代の頃に何回か転職を経験し、10年ちょっと前、ベンチャーに興味を抱いて今の会社に入りました。数年前からチームのリーダーを務めるようになり、今年から、部門全体を見るマネジャーをしています。部下の数は20人くらいで、私の上に部門長がいます。

銀行　私は今年、55歳になりました。30代半ばから約20年間、いろいろな部署でマネジャーをやってきまして、昨年、管理職から降りてプレイヤーに戻りました。

中原　ソロプレイヤーになられて、今はどんなお気持ちですか。

銀行　すごく気持ちが楽になりましたね（笑）。実務担当者だった頃の自分に戻ったような気分です。

外資　私はマネジャーになって3年目です。それまで管理職経験はなかったのですが、今の会社に転職して、いきなりマネジャーのポストにつきました。面接時に「マネジャーはできますか」と言われ、「できるかどうかわからないけど、やりたいです」と答えてしまい、勢いでなったような格好です。部下は5人おり、全員、年上です。

小学6年生から中学1年生に上がる

中原　同じ会社にずっとつとめている方の場合、「そろそろ自分もマネジャーになるのかな」というタイミングはだいたいわかるものなんですか。マネジャーになった時のお気持ちはどうでしたか。

不動産　上の年次の人たちが実務担当者からマネジャーに昇進していくのを見てきたので、

「自分もそろそろかな」というタイミングはなんとなくわかります。ですから、私の場合は、会社が提携している教育機関に通うなどして、マネジャーの心構えについて、ある程度は事前に学んでいました。昇格した時も、不安や戸惑いはありませんでした。「まあ、こんなものかな」っていう感じです。

でも、実際にやってみると、**やはりプレイヤーとマネジャーは違いますね。**実務担当者の頃は、与えられた仕事をこなして成果を出していればよかったのですが、**マネジャーになると、会社の方針に沿って自分で仕事をつくっていくことになります。**自分たちのチームの仕事が会社の将来にとってどういう意味を持つのかを考えて、自分でプランを設計し、部下に仕事を与えなくてはなりません。

それと、課長クラスになると、**自分より10歳ぐらい年上の他の課長たちとも対等に仕事をしなくてはなりません。**そういう立場なのだということは頭でわかっていても、組織の回し方とかそういうことは、まだまだできていないかなと思っています。

銀行　私も、マネジャーになるタイミングは、入行年次でだいたいわかっていました。なったときは、やっぱりうれしかったですね。20年前のことですから、今の人たちとは感覚が違うのかもしれませんが、企業で働くからには出世したい、できればトップ集団にいたいという思いもありましたし、「よし、やった。これで同期の中で一歩前に出た」という気持ちでした。

プレッシャーや緊張も特に感じませんでした。上の年次の人たちも、みんな自然にマネジャーをやっていましたから、自分にもできるだろうと思っていました。

ただ、**マネジャーになって異動した先がはじめての職場だったため、最初の3カ月間ぐらいは、上司や部下から教わることが多かったです。**前任者は〝皇帝〟みたいにすべてを掌握するタイプの人だったんですが、自分にはとてもそんなことはできなかったので、**周囲に助けられてばかりでした。**

また、今のお話にもあったように、マネジャーになると、マネジャーレベルの横の調整をしなくてはなりません。自分より年上のマネジャーを相手に、自分がとりまとめ役を務める場面も出てきますので、社員としてのランクが一段階上がったんだなあと実感しました。**小学6年生から中学1年生に上がって、中2や中3の人たちと一緒に何かをしていく立場になったような、そんなイメージです。**

中原　ベンチャーや外資系では、ちょっと事情が違っているのではありませんか。

IT　私は予期せぬ異動でマネジャーになりまして、内示を受けたときはびっくりして、**本**

当に私でいいのかなと不安になりました。最初はお断りしようかと思ったぐらい、自信がありませんでした。でも、せっかくだからチャレンジしてみようと思い直してやってみたところ、ちょっとずつ楽しくなってきました。

というのも、**マネジャーになると、入ってくる情報の量がぜんぜん変わってくるんですね。**経営層の考えもダイレクトに伝わってくるようになります。実務担当者の頃は、情報が欲しいなと感じることが多かったので、ああ、これが役職者の権限というものなのかと思いました。

今は、**そういう情報を部門のメンバーに、彼ら／彼女らにもわかるような言い方で伝えるようにしています。**情報共有とかベクトル合わせとはこういうことなんだなっていうことも、少しずつわかってきたところです。

外資 私は外部から入ってマネジャーになったので、初めのうちは、部下たちから「誰？この人」という目で見られていたようです。引き継ぎもありませんでしたし、上司には「自分で聞いて知ってください」と言われただけでした。

転職するに当たって、社長からは「新しいことをやってほしい」と言われていました。私自身、提案するのは好きなタイプなので、自分でプランをつくって、どんどん進めようと思いました。
ところが、部下たちは「そんなことは今までやったことがありません」とか「そんなことは会社のためになりません」と言ってそっぽを向いてしまいまして、そうすると、何も実行できませんし、「マネジャーとしての実行力がない」と言われてしまい、一時期はかなり苦しい立場に追い込まれました。始めて半年ぐらいは、気を使いすぎてストレスがたまり、体にも不調が出ました。会社に行きたくないと思ったこともあります。今は部下たちともとてもよい関係になっていますけど（笑）。

マネジャーになって言葉数が増えた

中原　部下との関係について、ほかの方々はどう感じておられますか。

I・T　私はマネジャーになった時、**「好かれたい」という気持ちを捨てなきゃいけないと思いました。**なんというか、やっぱり、**人は誰だって「いい人ぶりたい」じゃないですか**（笑）。でも、**その気持ちは捨てると覚悟を決めたんです。言わなくてはならない時は言わなくてはならない。**

ただ、部下に自分の考えを押しつけるつもりはなくて、どういう言葉を使えば部下の成長につながるかということを考え抜くようにしています。今はまだ部下育成についてはそれほど多くを求められていないのですが、緊張感は続いています。

中原 部下は20人くらいとおっしゃいましたが、どんな人が多いんですか。

IT **キャラクターがバラエティに富んでいて、「人間動物園」みたいな感じです。**だから、人によって対応を変える必要があります。それと、**当社は中途採用者が多いんですが、中途の人は、過去の経験にこだわるあまり、我流で仕事をしがちで、自分のやり方を崩されるのをいやがる傾向があります。**私は仕事のやり方について注意したつもりなのに、部下の方は自分を否定されたような気持ちになることもあるらしく、「今まではこれでうまくやってきました」と反発されることもありますし、こっちがちょっと言い方を間違えると、次の日、会社に来なくなっちゃったりします。繊細な人が多いんです。

不動産 そういう人に対しては、どうやって説得するんですか。

IT やはり**作業の仕方だけを指示しても、なかなか腹落ちしないようです。**だから、ちょっと視野を広げてあげたり、目的を明確に示してあげたりしてから、ゆっくり言葉を選んで説得するようにしています。

そうすると、「納得はしていないけど、理解はできた」みたいな顔をするんですね。私は

「自分がわかっていることは、相手もわかっている」と思い込んでいたんですけど、かみ砕いて伝えないと、実務担当者の心には響かないんだなって痛感しています。マネジャーになって言葉数が多くなりました。

中原　どのくらい増えましたか。

IT　「今、社会はこういう状況で」とか「会社が進むべき方向はこうだから、私たちの課題はこうだよね」とか、そういう話から切り出すぐらい。

中原　それだと、なかなか本論にたどり着けませんよね。

IT　そうです。だから職場で話すのではなく、別室に呼んで対面で話したりします。でも、そういう機会を重ねていくと、**ある時、部下のスイッチが入る瞬間があるんです。「自分は期待されているんだ」とか「自分はやるべき仕事を与えられているんだ」と気づくんでしょうね。**だから、そういう時間をとって粘り強くやるしかないのかなと思っています。

不動産　自分で考えて答えにたどり着いたって思わないと、部下は動いてくれないんですよね。

私の場合は、1対1という狭い世界でやっているので、部下に対してはかなり気を使うようにしていますが、やっぱり非常に難しいです。部下との間で主観が相反することもありますし、かといって、私の方が部下に同調しすぎても変な関係になっちゃうし。

部下はけっこうアグレッシブな性格で、「こういうことをやりたい」ってはっきり言うんですよ。でも、まだすべてがわかっているわけではないので、私から会社の社会的意義とか、私たちの部署は今何をやるべきなのかとか、そういった話をして、共通の枠組みとか判断軸を持ってもらおうとしています。「よそのプロジェクトではこうやっているよ」とか「他社ではこうだよ」と言ったりして、外部の情報を伝えていくことも重要だと思っています。

中原　20年前の銀行ではどうだったんですか。

銀行　部下育成なんて考える余裕もなく、ひたすら体力勝負でやっていたような気がします。当初からマネジャーとして自分の色を出せていたかというと、ほとんど出せていなかったし、ただただ仕事に追われていました。自分の主義主張を貫いて、他の部署にも指示をして、といったことができるようになったのは、下に複数のマネジャーがつくようになってからですね。

でも、部下を持つ立場になってよかったなとは思いました。部下たちとチームを組んだからこそ、そのときどきでまっとうな判断ができたような気もするんですよね。部下と一緒に意思決定ができたというか。正しい判断は、僕ひとりではできなかったと思います。

外資　部下と一緒に修羅場を経験すると、お互いに心が通い合うこともありますよね。私は1年間ぐらい、部下たちとまったくうまが合わなかったんですが、あるとき、海外のチームと一緒に動かなければいけない仕事があって、部下の中で一番パワーのある人を連れていきました。本人はとても苦労していましたが、終わった後は信頼関係を築くことができました。

中原　ほかに部下のマネジメントでお困りになったことはありますか。

IT　あるとき、すごく落ち込んでしまった部下がいて、びっくりすると同時に、ああ、自分は何も気づいてあげられていなかったんだなと反省しました。その部下は能力も意識もプライドも高く、何があっても、「私、大丈夫ですから」と言うようなタイプだったので、こっちもわりと安心して見ていたんですけど、他部署との関係でうまくいかないことがあり、自分で自分を追い詰めていたようです。年は私よりひと回り下ですし、若い人ってやっぱり若いんだなと思いました。

銀行　**上司としては、7割ぐらいできればいいと思っているのに、部下の方は100％できなくてはダメだと思い込んでいたりしますからね。**以前、私の部下にもそういう人がいて、「7割できたら十分だよ」と言っているのに、完璧にこなそうとしてもがき苦しんでいました。そのことに私が気づくのが遅かったのもまずかったんですけど、本人はいつの間にかギリギリの状態になってしまいました。彼が毎朝ちゃんと出勤してくるかどうか、心配でたまりませんでしたね。

部下たちすべてを見るのは難しいですね。自分のすぐ近くにいる部下なら、何か仕事を渡して、その出来栄えを見れば、だいたいどういう状態なのかはわかるし、意識合わせをすることもできます。**だけど、その部下の下にサブでついている部下のことにはなかなか気づけなかったりします。**日々のキャッチボールを怠っていると、お互いの意識がずれていきがちなんですよね。

寂しきマネジャー

中原　近年はマネジャーのプレイングマネジャー化が進んでいますが、そのあたりについては、どのように感じておられますか。

不動産　**マネジャーになった時、上司から「実務もやってもらうことになるけど、よろしくね」と言われたんですが、**やっぱり完全なプレイヤーとしてやっていくわけにはいかないし、自分に与えられた職務って何なんだろうって思う時があります。

というのも、**実務情報については、現場に近い部下の方が意外とよく知っていて、部下な**

りに地に足の着いた判断をしていることもあるんですよね。もちろん、そこで部下と張り合ってもしょうがないし、部下にできることは任せて、それをうまくコントロールするのがマネジャーの仕事なんだと考えるようにはしているんですが。

中原　「マネジャーなんだから、マネジャーとして成果を出してくれ」と言われるならいいけど、「マネジメントもちゃんとやってもらうけど、プレイヤーとしての成果も出してくれ」と言われると、困ってしまいますよね。昨今の大学でもそういうふうに言われることがあるから、僕も挑戦課題の真っ只中にいるわけですが。

銀行　今のマネジャーが一番悩んでいるのが、プレイングとマネジメントのバランスじゃないかと思います。しかもマネジメントは、「できてあたりまえ」「問題がなくてあたりまえ」の世界ですよね。そんな中、プレイヤーでもあり続けたいと思って頑張っている人もいるだろうし、忙しくて部下を利用するだけになっている人もけっこういるんじゃないかと思います。

不動産　たとえは悪いかもしれませんが、**私が鵜飼いの鵜匠で、部下が鵜だとしますよね。ときどき鵜飼いの総元締めから「お前も魚を捕ってこい」と言われているような気がして、「え、私も水に入るんですか？」と思ったりとか。**

中原　**「だったら、このロープ、持っていてくださいって言いたいですよね**（笑）。

ＩＴ　私ももともと実務大好き派だったので、部下の専門性が高まっていくにつれて、なんだか寂しい気持ちになりました。実は今もすごく寂しいんです。

でも部下の中には、放っておくと暴走する人もいるんですね。そういう部下に対して会社全体の考え方を示してあげたり、彼ら／彼女らが会社に提案ができるように育ててあげたりするのが自分の役割なのかなと思っています。ただ、そのためには、私自身がすごく勉強しなくてはならないんですけど。

中原　現場を離脱しなくてはならないときは、不安だけでなく寂しさを感じるものなんでしょうね。

不動産　現場で部下が関係先とよくコミュニケーションをとっているのがわかって、それはいいことなのに、やっかみに近い感情がわいてくることもありますね。「なんで報告しないんだ」みたいなことを言いたくなってしまう。

外資　私もそうですよ。今までマニュアル通りにしか動けなかった部下が最近変わってきて、積極的になってきたんです。でも、私の仕事はプランニング中心なので、なかなか現場に出られない。まあ、達成感はそれなりにあるんですけど、やっぱり寂しいんです。他の部署のマネジャーから「あなたはもっとプレイヤーとして出ていった方がいい」って言ってもらうこともあるんですが、部下のプライドとさらなる成長を考えると、自分はあまり出ていかない方がいいような気もするし。

中原　部下の力量が自分に近づいていくことに脅威は感じることはありませんか。

不動産　自分が上から教わらなかったようなことを部下に教えて、部下がそれを短時間でマスターしたりすると、「俺の何倍の勢いで成長しているんだ」って怖くなることはあります。マネジャーになると、自分の仕事の何が評価されるのかがいまひとつよくわからないから、ついそんなふうに思ってしまうんでしょうけど。

それに、今は情報化が進んでいますから、極端な話、われわれが長い時間をかけて培ってきた業務ノウハウを新人がインターネットで調べてすぐに入手する、といったこともできてしまいます。そうすると、言い方が正しいかどうかわかりませんが、**上司としての優位性を示しづらい**んですね。

外資　**自分の知識とかスキルは部下にシェアしてもらわないと広がっていかないんだけど、シェアできた後に一抹の寂しさをおぼえて、「なんて大人げないんだろ、私」って思ったり、「私はいずれ必要なくなるのかな」って思ったりすることもあります。**

銀行　仕事のやり方を教えた部下は、恩を感じてくれていると思いますよ。

不動産　そうなんですか。

銀行　面倒を見た部下は、10年、15年経っても、廊下ですれ違ったときの顔が違いますよ。何かと近況を報告してくれたりもしますし。

結局、マネジャーになると、やることが個人競技から団体競技に変わるわけですよね。だから、自分が出ていった方がいい時もあるけれども、部下にいいパスを出した方がいいときもあって、その都度、自分を使い分けることが求められるんだと思うんです。

私は、自分の役目はとにかくチームのパフォーマンスを最大にすることだと信じてきました。ただそれでも、「今は自分が出るべきか、それともパスを出すべきなのか」という迷いはいつもつきまといましたけど。

外資　しかし、いざという時に自分が出ていくためには、やっぱり、他の人にはない圧倒的な強みをひとつでも持ち続けることが大切ですよね。

中原　そのためには現場感覚が抜けないようにしておかないといけませんね。でも、そうすると、マネジメントがおろそかになりかねない。ディレンマですね。

せっかく育てた右腕が

銀行　私は、部下が本当についていくのは、プレイヤーとしても優秀なマネジャーじゃないかと思うんです。身近にマネジメントが大好きな同僚がいまして、その人は部下の面倒は細かく見るし、部下とのコミュニケーションもよくとっているんですけど、じゃあ部下が信頼してついていっているかというと、必ずしもそうではないように見えます。

これは、マネジメントというよりリーダーシップの話になるのかもしれませんが、**プレイヤーとしても結果を出しているマネジャーなら、それほど細かく部下のケアをしていなくても、部下はついてきてくれますよ。**あるいは、他部署との調整がうまいとか、プロジェクトを遂行するのに力を発揮するとか、そういったマネジャーの力量を部下は評価しているんじゃないかと思います。

外資　確かに。私の場合は、魅力的なビジョンを掲げて、ワーッと突き進んでいくような姿を見せていくと、年上の部下でもついてきてくれるようになりました。

IT　私は、マネジメント能力とリーダーシップは一緒に身についてくるものだと思っています。**マネジャーにとっては、ビジョンを伝えるとか、仕事にストーリーを持たせていくといったリーダーシップも必要で、それがないとチームは引っ張れません。**

私はオーケストラが好きなんですけど、世界最高峰のオーケストラでも、誰が指揮をするかによって演奏の出来がまったく変わるんですね。それはなぜかというと、ストーリーを語れない指揮者には演奏者がついていかないからなんです。

マネジャーもそれに似ていて、「こういう組織をつくりたいんだ」とか「こういう会社にしたいんだ」というようなストーリーを語っていくことで、自分の色を出していけるんじゃないかと思います。

その意味では、**私はもう実務では部下に負けてもいいやというか、どんどん専門性を身につけていってほしいというふうに開き直っています。**その代わり、組織を牽引する仕事はおろそかにしたくないし、それが自分に求められている役割なのだと思っています。

銀行　特に専門家を使うときは、マネジメントが重要な意味を持ちますよね。自分にできないことを誰かにやってもらうときは、ゴールを明確に見せ、その人のやる気を高めて、その人にしかできないことをやってもらわなくちゃいけない。それこそがマネジメントですよね。そもそも、「あなたがやってダメだったら、自分が代わりにやるよ」と言える程度の仕事だったら、マネジメント能力はそんなに問われないわけで。

IT　ついつい自分でやりたくなっちゃいますけどね、自分がやった方が速そうだと。でも、ぐっと我慢しなくちゃいけない。

外資　やっぱり我慢するべきなんでしょうか。

銀行　部下についてきてもらうためにはプレイヤーとしての力量も必要だけど、だからと言って、部下に代わってプレイばかりしていると、それはそれでどこかで頭打ちになっちゃいますよね。管理スパンが広がれば広がるほど、自分でできることは限られてくるし、**「マネジャーのマネジャー」くらいの立場になると、やはりいかに人をうまく使うかというマネジメント力の勝負になってくるんじゃないかと思いますよ。**

外資　私の部下はみんな優秀なんですけど、どうしても既成の考え方から抜け出せないところがあって、アイデアを出してもらっても、たいていは私がすべて書き直してしまうんです。でも、やっぱりそれはやりすぎで、どこかで頭打ちになるなっていうことは自分でもわかっているんです。

だから、最近は、できるだけ刺激を与えるようにして、部下の中に変化が起きるのを待っているんです。「こうしてください」とは言いたくないから――本当は言いたいんだけど(笑)、「情報を提供するから、よく考えてみて」とか、「アイデアを採用するから、来週までに出して」とか、なるべくそういう言い方をするようにしています。

銀行　右腕になるような部下が1人できると心強いですよ。マネジャーである自分ひとりだと空回りすることもありますが、自分の考えをよく理解してくれ、共感してくれる人が代わりに他の部下に伝えてくれれば、チームを動かしやすくなります。

中原　右腕づくりは大事ですよね。でも、結構、時間がかかりますよね。

銀行　私の場合、すぐ下の部下には、「君の判断に任せるよ」と言いつつ、自分のビジョンもしっかり伝えたり、上司のビジョンも共有し合うようにして、右腕になってもらっていました。

ただ、そうやってせっかく右腕を育てても、よその部署に取られてしまうことがあるんですね。このショックはでかい。本人が優秀さを買われて、より重要なポストに移っていくのであれば、それはいいことなので、何も言えませんでしたけど。

IT　右腕は、もれなく取られちゃうかな（笑）**、でも、そういう子は、部署が違っても、何かにつけて手伝ってくれる。見えない絆で結ばれているというか。**そういう関係ができるとうれしいですよね。

不動産　確かに、基本的な考え方が共有できている人とは一緒に仕事がしやすいですよね。自分の部下がそういうふうに育っていってくれるんだったら、たとえ部署を離れていっても頼もしく感じるでしょうね。

外資　私が心配しているのは、育った部下が他社に引き抜かれてしまうことなんです。それが怖いから、「うちのブランドっていいよね」「うちの会社はあなたを必要としているよ」っていつも言っているんですけど。

不動産　本人のためを思えば、出ていく方がいいのかもしれないし、組織としては、それは困る。かといって、部下を育てないと、マネジャーである自分は評価されない。矛盾だらけですね。

IT　**私は上司から「部門の壁を越えて部下を持ったと思え」と言われたことがあるんです。「そういうふうに育てると、必ず結果が返ってくるから」と。**なるほどと思って、他部門から取引先まで、とにかく若い子を見つけては、時間をかけて話をするようにしていったら、そういう人たちがいろいろな場面で協力してくれるようになりました。べつにそれを狙ってやったわけじゃないんですけど、誰かを育ててあげると、めぐりめぐってそういうこともありますよね。

銀行　そうですよね。その関係は、たとえ仕事で生かせなかったとしても、自分の人生にとっては大切なものになりますよね。

ＩＴ　たとえば転職することになった部下を、「じゃあ、そこで新しいスキルを身につけて、また帰ってきてね」と言って送り出したら、本当に帰ってきてくれたこともありました。だから今は、みんなが、会社や職場という枠を越えて勉強する場を持っているんだと考えるようにしています。

解けない連立不等式を解く

不動産　先ほど、マネジャーになると情報量が増えるというお話がありましたが、情報がたくさん入ってくることで、かえって頭の中が混乱してしまうことはありませんか。自分の部門では正しいとされていることが、他部門ではどうなのかとか、そういうことがわからなくなって、かえってもやもやするというか。

中原　知ってしまったがゆえに、かえって物事がわからなくなる、ということはあるでしょうね。

不動産　あっちではあんなに予算を使っているのに、こっちでは使えないんだ……みたいなことも……。

ＩＴ　でも、実態がわかれば、次の手を打つことができますよね。私の場合はそういう情報を待っていたので。

中原　会社の情報を取りにいく際に心がけていることはありますか。

ＩＴ　あたりまえのことなんですけど、部門横断の会議に出るときは、傍聴者にならないようにして、どんな議題でも自分の問題として受け止めるとか。あと、会社の情報を広報やマスコミ報道を通じて知ることって多いじゃないですか。そういうときは、「今朝の新聞にこんなことが出てたけど、担当者は誰なの？」とすぐに聞いて、情報を集めたりすることもあります。**とにかく会社のことを知らないと、部門の羅針盤としての役割は果たせないので、情報は多ければ多いほどいいと思っています。**

中原　情報は、部下を動かすパワーの源泉でもありますね。

外資　本当の情報を知らされていれば、戦略を練って実行することも楽しく感じられるし、やる気が保てますよね。

銀行　マネジャーになると、会社の幹部が集まるような場に自分も出ていくことがありますよね。**そうすると、幹部たちが、自分が考えているよりももっと広い範囲を見ているんだということがわかるし、「解けない連立不等式」を、あれこれ条件を変えてみたりしながら、なんとか解こうとしているんだっていうことがわかるんです。**

そんな時、ああ、会社ではこうやって苦しみながら物事を決めていくんだなあって思いましたね。**実務担当者の頃は想像もつかなかったようなことを幹部たちはやっている。そう気づいたとき、サラリーマンとしてグッと成長したように感じました。**

外資　部下に会社の方針を伝えるとき、いろいろと問題を指摘されると、「だから、それはさんざん考え抜かれたことなんだよ」って言いたくなること、ありますよね（笑）。

不動産　それはありますね。

中原　マネジャーになると、賛否両論あっても、思いきって飛ばなきゃならない時があるでしょう。だから、反論が出てきても「ああ、予想通りだな」ってわかるんですよね。たまに想定外のことを言われると焦るけど。

外資　長い間、マネジャーをやっていると、自分が下した判断に対して部下からの反論が出てくるといったことにも慣れてくるものなんでしょうか。

銀行　もちろん、判断に失敗したなって内心思っていることもたくさんあります。そういうことは何年経っても覚えています。

手柄はボスに

中原　世の中には上司との関係に悩むマネジャーも多いようなのですが、皆さんはいかがですか。

ＩＴ　**私は、ボスに出世してもらうことが自分の仕事だと割りきっています。「どうぞ、私の手柄は持っていってください」っていうふうに気持ちを切り替えられるようになってからは、ストレスは感じなくなりました。**だから、今は部門のメンバーとボスの仲介役に徹しています。

銀行　すごいなあ。

ＩＴ　自分のボスが他の部門から信頼されていないと、自分がやりたいことができないので。だから、**ボスには社内の人気者でいてほしいし、評判を下げてほしくないんです。**

ただ、それはボスに迎合するのとは違っていて、自分の考えや気持ちは伝えたいと思っているんです。だから、ボスとの間で意見の対立が起きないようにするためにはどうしたらいいかっていうことをすごく考えるようになりました。経営層や他部門のえらい人よりも、自分の上司に対して一番気を使っています。

銀行　上司が途中で替わることがあるでしょう。あれは一番困りますね。私はプロジェクトのリーダーをすることが多かったんですが、上司が替わってプロジェクトのプライオリティが下がると、だんだんと周囲の協力が得づらくなります。部門の中は「今度の上司はあのプロジェクトにあまり賛成してないんだな」という雰囲気になりますし、他の部署の協力度合いも明らかに落ちてくる。

しかし、そのことをプロジェクトチームのメンバーにはなかなか言えず、孤立感が募って精神的にかなり追い込まれたこともありました。仕方なく、プロジェクトからは撤退しましたけど、つらかったなあ。自分ひとりでやってきたことではなく、チームでやっていたことだっただけに。もうちょっと新しい上司と意識合わせをしておけばよかったという反省もあります。

外資　私の場合は、入社時と今とでは、社長が替わっているんです。どちらも本国の人なんですが、前の社長は「とにかく変えろ。それができなかったら、君は無能だ」というような感じでしたし、今の社長からも「今までやってきたことを変えろ」と言われます。

ただ、今の私の中には、部下が守りたいものは守りたいし、部下の意見も大切にしたいという気持ちもあって、「じゃあ、どうすればいいの？　自分はどうしたいの？」っていう自問を繰り返しています。最終的には会社の期待に応えるのがマネジャーの役割なのかなとは思うんですけど。

中原　それも中間管理職の抱えるディレンマですね。

マネジャーの仕事の変化

不動産　われわれの世代の上にはバブル入社組がいて、とても人数が多いんですが、その人たちはすでに一定の割合でマネジャーになっており、今はわれわれの世代もマネジャーになっているので、会社の中で課長クラスの人数がすごく多くなっています。そのせいか、昔の課長さんってもっとえらかったんじゃないのかなと思うことがあります。なんだか自分がやっていることが小さく感じられて。

銀行　ただ、**マネジャーになっていくためのスピードが求められるようになっていますよね。**私がマネジャーになった頃はゆるい時代でしたし、その中でだんだんと業務に適応していけばよかったので、それほど負担は感じませんでしたが、今みたいなマネジャー受難の時代には、マネジャーになるというのは、いきなり別世界に放り込まれるようなものなんじゃないかと思います。

IT　私が言うのもなんですが、ＩＴの発達がマネジャーの仕事を増やしている面もあると思います。メールの量だけとっても、半端ないでしょう。たぶん、１日２００～３００件ぐらいあるんじゃないかと思います。部下のメールがすべてCCで入ってきますし、電車の中でも休憩中にもチェックしなくてはなりません。週末に自宅にいてもメールは入ってきます。それらをさばくだけで大変な作業です。

不動産　しかも、「CCでメールを送っておきました」と言われると、反論ができないんですよね。「送るな」とも言えないし。

IT　私は、「重要な案件については、一声かけてください」と言うようにしています。でないと、そういう気配りさえしてくれないし、その日のうちに返信しないと、「遅い」と言われてしまいますから。

外資　うちも以前は働きバチの集まりみたいな会社で、お昼の食事中も、みんな、携帯でメールをチェックしているような状態でした。それに土日もショップは開いていますから、週末も稼働中という感覚がありました。ただ、今の社長が「休まなければ、エネルギーも発想もわいてこない」という考え方なので、だいぶ変わってきましたが。

中原　知り合いのビジネスパーソンが休暇をとって南の島に行ってきたそうなんです。それで、すっかりリラックスして帰ってきて、休み明けにオフィスに行って、パソコンを立ち上げたら、受信メールが千何百件。「一気に肩が凝った」とおっしゃっていました。
要するに、せっかく休みをとっても、単に仕事のしわ寄せを生んでいるだけになってしまっているんですよね。情報化が進んだことで、マネジャーは生活のすべてが仕事化していっているとも言えそうです。これは、どこかでリセットする時間が必要なのかもしれません。

同僚・本・コーチング

中原　マネジャーとしてのマインドの維持の仕方についても、おうかがいしたいのですが。
銀行　**同僚と不平不満を共有したり、愚痴を言う人に対してアドバイスしたりすることはありますね。**「マネジャー冥利に尽きたね」みたいな話はあまりしたことがないなあ。まあ、そういうもんだと思いますけどね。
IT　**異業種交流の会に参加して、他社の人たちとお互いの課題を共有し合っています。そこで自分とは違うものの見方を教わって、助けられることも多いです。**
社内では、同じ時期に入社した人たちとのつながりが大きいですね。それぞれ、上と下に挟まれる立場になっていますし、お互いに「頑張ろう」って言い合える関係なので、よくみんなで飲みに行きます。

不動産　私はマネジャー1年目で、まだ研修が続いているので、そこで同期とよく話しています。みんな、同じような悩みを抱えているんだなということがわかって、心が休まります。

それと、私は管理職になるかならないかぐらいの頃から、意識的に本をたくさん読むようになりました。えらそうな言い方になりますが、実務担当者の頃は「物」をマネージするのが仕事でしたけれども、マネジャーになると「人」をマネージするのが仕事になります。だから、心理学とか脳科学の本を読んで、人間とはどういう存在なのかということを勉強しています。**自分の経験不足を知識で補うという意味では、本は精神安定剤の役割を果たしてくれます。**

外資　私はプライベートでコーチをつけており、月に一度会って仕事の話をしています。友人と話してストレスを発散することもありますが、身近な人に同じ悩みを打ち明けてばかりなのも悪い気がして、だったら自腹を切ってコーチをつけて、1時間半、みっちり話を聞いてもらう方が潔いかなと思いまして（笑）。

やってみると、すごく有効でしたよ。同僚とも友人とも違うし、泣きつく相手でもない、不思議な関係ですけど、どうやったら部下が動いてくれるのかといったことも一緒に考えてくれますし、自分が本当にやりたいことを確認させてくれますので、非常に気持ちが楽になります。つらい時期はそれで乗りきりました。

社内では、同じ時期に中途で入ったマネジャーたちとのつながりを大切にしています。「お互い、つらいよね」となぐさめ合ったり、「でも、頑張ってこの会社をよくしていこうよね」と励まし合ったり。「こういう場合はこうした方がいいよ」とか「この組織ではこう動いた方がうまくいく」といった具体的なアドバイスをメールでもらうこともあります。

それから、本国にいる上司もよく助けてくれます。日本の法人で変革を起こすために力になってくれるので、すごく頼りにしています。

将来に向けて

中原　では、最後に今後の展望についてお聞かせください。

銀行　先ほども述べたとおり、私はすでに管理職を降りました。ここ数年は多少の未練もありましたが、今はもう吹っ切れており、社内競争から決別することで、完全に解き放たれました。定年まで会社にいられるかどうかはわかりませんが、できるだけ今を大切にやっていこうと思っています。

最近、職場で心がけているのは、若手に対して支援の手を差し伸べられる存在になること

です。マネジャーとしてではなく、若手のメンター役として、斜め上とか横から何らかのサジェッションが与えられる人材でありたいと思っています。

IT マネジャーとは何だろうって考えると、結局、自分にとって仕事とは何だろうという問いに行き着きます。私が思うのは、**仕事とは、自分自身をつくり上げる場を提供してくれるもの、自分を成長させてくれる機会を提供してくれるものだということです。**

私は女性ということもあって、組織の中で上をめざしたいとか、昇格したいといった気持ちはありません。やめるとなったら、明日にでもやめられると思っています。

でも、せっかく今の組織の一員として働く以上は、そこで自分はどのくらい成長できるのかを試してみたいと思っています。じゃあ、具体的にどんな将来を描いているかとなると、まだちょっとわからないのですが、限界を超えた自分を見てみたいなって思います。できれば、組織を変える仕事、自分たちの部門を通じて会社を変えられるような仕事をしていきたいです。

不動産 私はドメスティックな会社で働いていますので、この国の人口が減少していく中、会社として、あるいは自分自身として、どういう打開策を見いだしていけるのかということが今後のテーマの1つだと考えています。

自分自身の将来については、年齢に応じて求められる役割や機能も変わっていくでしょうから、今後はさらに上のレベルの能力を身につけ、変わっていけるかどうかが課題だと思っています。

外資　組織を動かすといったことは、これまであまり考えてこなかったのですが、今はサラリーマンの面白さがわかってきたので、しばらくはそれを楽しみながら働きたいと思っていますし、将来は独立して自分のスキルで生きていきたいという希望もあります。

中原　今日はとてもリアリティに満ちたお話をうかがうことができました。とても興味深かったし、僕自身、考えさせられることも多々ありました。どうもありがとうございました。

【座談会後記】

実務家の方々のお話をうかがっていると、その迫真性や巧みなメタファにしばしば舌を巻きます。それに比べて、研究者としての自分が語る言葉がいかに陳腐で凡庸であるかということに気づかされます。

今回の座談会では、マネジャーになることのリアリティが、本文とは異なる形で語られました。あるマネジャーの方は、それを「**小学6年生から中学1年生に上がること**」にたとえました。「**やることが個人競技から団体競技に変わる**」というメタファも出てきました。

どちらもおそらく正しく、だからこそ多くのビジネスパーソンは、マネジャーへの移行期において心理的な揺れを感じるのだと思います。

「**人間動物園**」や「**解けない連立不等式を解く**」といったメタファは、組織をマネジメントするという課題の困難さを物語っています。その解決法は、もしかすると、洗練されたものとはならないのかもしれません。ときに「**CC爆弾**」にやられ怒りを感じつつ、ときに成長する部下を目にして寂しさを感じながら、さまざまなディレンマをマネージしていくしかないのかもしれません。しかし、マネジャーとして組織を動かし、独力ではできないことを成し遂げていくというのは、そういうことなのだと思います。そして、4人が語ってくださったように、そこには希望と喜びが必ずある。

座談会に御参加いただいた4人は、時代と組織に翻弄される自分たちの状況について語りつつ、将来への希望を見いだしておられました。それぞれの希望が非常に印象的でした。皆さんはどのような感想をお持ちになられましたか。僕は、彼らの語りから、自分の仕事にもう一度、新たな姿勢で向き合ってみようと思うようになりました。

希望につながるマネジメントを信じて。

第7章　残業は「集中」「感染」「麻痺」「遺伝」する

――全国6000人「希望の残業学」調査報告

ぼやくビジネスパーソンたち

仕事柄、ビジネスパーソンにヒアリングの機会をいただくことも多いのだが、最近は「働き方改革」にまつわる切ないぼやきを耳にするようになった。たとえば「残業禁止と言われても、ノルマは今まで通りなので、結局サービス残業（以下、サビ残）が増えただけです」、管理職の方々からは「部下に残業させられないから、かえって私の残業時間が増えました」、中小企業経営者からは「大企業の『残業禁止』のしわ寄せが下請けにくるので残業が増えた」等々。

私自身、労働経済学は専門ではなく、人材開発が専門だ。しかしながら、様々なぼやきを耳にするうち、今進められている「働き方改革」は、どうも働く人たちの本当の「幸せ」につながっていないのではないかと疑問を感じるようになった。施策の多くが、長時間残業をもたらす原因に触れることなく、業務量やノルマの見直しもないまま、ただ残業時間だけを削減させようとしている。そのため、あちこちに無理が生じているように見える。

また、私の専門である人材開発の観点で見ると、今の状況は長年日本企業を支えてきた「職場の人材育成」の危機というより他ない。「働き方改革」の影響で、昼休みさえも仕事に充て「ランチ残業」となっているという話もあり、ただでさえ忙しく、人を育てる余裕のない時代に、若手社員は上司や先輩とランチを食べる時間さえ確保できないとなると、仕事に必要な知識やノウハウを伝えたり、フィードバックするような育成の機会が、職場から失われてしまう可能性もある。

いったいなぜ残業が生まれるのか。その答えを求め、まずは残業に関する先行研究をひもといてみたのだが、労働時間に関しては、国別の比較など研究が進んでいる一方、残業の原因については、それほど研究が進んでいないことが分かった。最先端の研究でも残業は「同僚との関係に問題がある」「上司のマネジメントに問題がある」といったことが原因として指摘されている程度。「職場にどのような問題があって残業になってしまうのか」「どのようなマネジメントを行えば、残業を減らせるのか」といったことには触れられていない。「これはもう少し深く掘り下げる必要がありそうだ」。そう感じたのが、残業に関する研究「希望の残業学」プロジェクトを、パーソル総合研究所との共同研究として立ち上げたきっかけだ。

なぜ「希望」とつけたのか。端的に言うと、「残業はせずに、締め切りとノルマは守って」というスタイルの「働き方改革」には絶望しかないと感じたからだ。先日もある大企業勤務の方から、残業ができなくなったため、定時退社し、部署の全員で「カラオケボックス残業」をした、という笑えない話を聞いた。カラオケボックスで歌も歌わず残業をするというのは絶望的だが、そもそも残業時間削減が「希望」となっていないケースもある。実際のところ、企業のほうも長時間残業のおかげで達成していた成果を手放したいとは思っていないし、個人のほうでも残業代が払われないと困る、残業することで成果や能力を高めたい、と思っている場合がある。根本的な原因に目を向けながら働き方を変えていき、企業も個人もメリットを感じられるような研究を目指したいという意味で「希望」とした。

私は、さらにその先に「世界最低レベルのやらされ感改革」をしたいと考えている。米ギャラップ社が世界各国の企業を対象に実施した調査によると、日本には「仕事への熱意あふれる社員」がわずか六%しかいない。米国の三二%と比べても大幅に低く、調査した一三九カ国中一三二位と、日本人は勤勉で長時間労働しているにもかかわらず、驚くほどパッションがないのだ。

他方、日本人の「希望（幸せ）」を規定しているものの中で割合が一番高かったのが「仕事」であった、という東京大学の玄田有史教授の調査結果もある。もしも仕事が希望であるならば、この「やらされ感」が「働きがい、やりがい」に変わり、「働く喜び」を感じられる社会になってほしいと願わずにいられない。

一般的な働き方改革の議論では、長時間労働問題に対し、やや強制的にそれを是正するための施策が検討される。しかし、単に「労働時間が長いから短くしてください」と言われても、何が問題なのかが分からなければ個人も組織も変わりようがなく、問題解決に結びつかない。そこで、この研究を進めるにあたっては、そもそも残業はなぜ起きるのか、個人、職場、管理職、無理な納期への対応など、残業問題の根本的な要因を調査により徹底的に掘り下げることとした。さらには、労働時間を短縮することによって、個人、組織（経営面）にどんなメリットがあるのかも提示することを目指した。

今回、パーソル総合研究所の協力を得て、「パーソル総合研究所・中原淳　長時間労働に関する実態調査」として二〇一七年九月、全国の従業員数一〇人以上の企業の正社員（二十～五十九歳）六〇〇〇人を対象に大規模調査を行った。本稿では、その分析結果をもとに、日本企業における残業の実態と、その発生メカニズムを明らかにしていきたいと思う。

業界別・職種別の残業実態

はじめに残業の実態を業界別・職種別に見ていきたい（図表22・23）。残業時間が多い業

図表22　業界別残業実態マップ

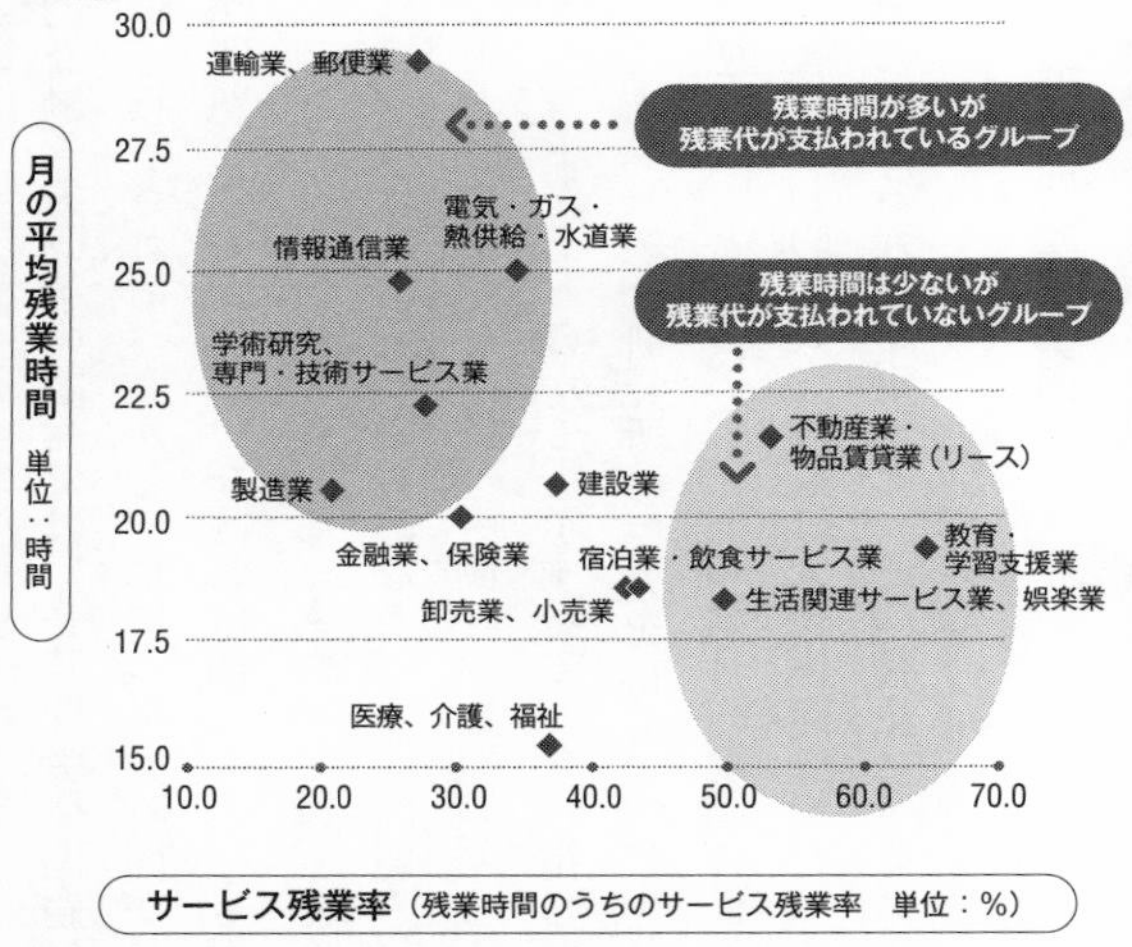

出所　パーソル総合研究所・中原淳　長時間労働に関する実態調査（以下同）

界は、一位が運輸、二位が電気・ガスなどのインフラ業、三位がIT企業など情報通信であった。しかし、残業の実態というのはその時間の長さだけではつかみきれないものがある。たとえば、部下に比べて上司の残業が多い業界をピックアップするとがらりとその顔触れが変わって一位建設業、二位製造業となり、納期の迫る中、現場で働く部下たちを帰して残業するマネジャーたちの姿が浮かび上がる。

これは個人を対象とした調査

図表23　職種別残業実態マップ

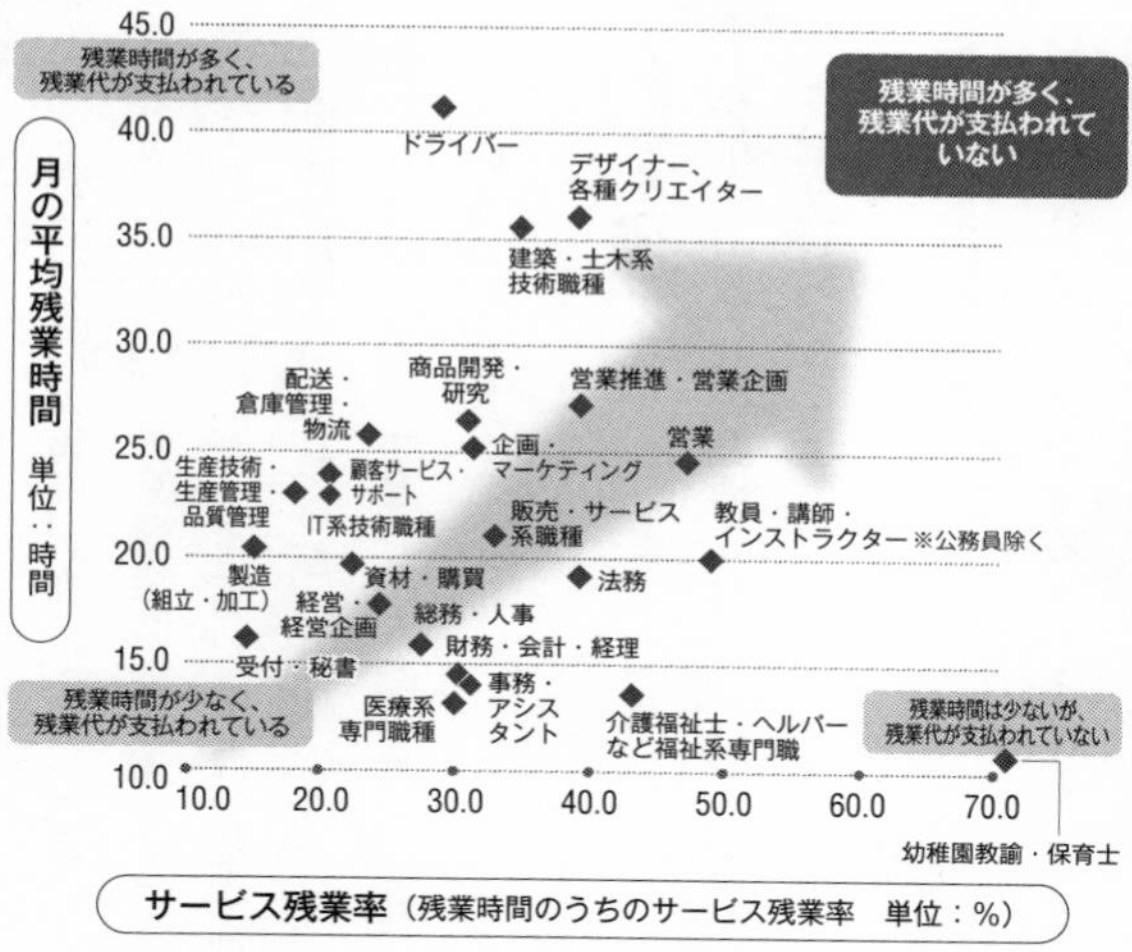

だからこそできたことだが、今回はサビ残についての調査も行っている。残業のうちサビ残の割合が多い業界として、浮かび上がったのが一位教育・学習支援、二位不動産・リースであった。今回の調査に学校の教員は含まれていないのだが、学習塾などでは授業後に個人指導があっても、それを残業とみなさないような慣習があるのかもしれない。ちなみに、幼稚園教諭や保育士、介護福祉士・ヘルパーなどの職種も、残業時間は短いもののサビ残率が高い。これら

の職種の離職率は高く、サビ残率との因果関係も感じられる。

職種、業界にまたがった大規模調査によって、「どのような職務特性が残業時間を増やしているのか」も見えてきた。最も残業時間を増やしていたのは「突発的な業務が頻繁に発生する」職務で、こうした特性が一番高い職種は介護福祉士・ヘルパー等だ。以下、「仕事の相互依存性（自分の仕事が終わらないと他の人の仕事も終わらない）が高い」「社外関係者・顧客とのやり取りが多い」といった職務特性が続き、人との関わりが多い職種に残業が生まれやすいということが分かる。

残業が発生するメカニズム

次に残業の発生要因を分析整理したところ、残業が発生する職場には「集中」「感染」「麻痺」「遺伝」という特徴が見られることが分かった。

1、残業は「集中」する

残業は仕事のできる人に集中する。できる人に仕事が集まってしまうため、できる人ほど残業時間が増えてしまうのだ。調査によると「優秀な部下に優先して仕事を割り振っている」という上司は過半数を超えており、スキル別の分析でも、スキルの高い従業員に残業が集中している傾向が見られた。

これは恐らく、二〇〇〇年代以降、成果主義が導入されて組織のフラット化が進み、特定の個人に仕事がより集中するようになってきたことで起こった現象だと推測される。バブル崩壊後の「失われた二〇年」で、職場でのＯＪＴによる育成機会は失われ、できない人を育成してその能力を高めるのではなく、できる人に仕事を振って残業してもらう、というモデルが確立してしまったのではないか。

注意したいのは、仕事の「集中」の問題は、個人の努力では解決できない、ということだ。仕事ができる個人がどれほどスキルアップやタイムマネジメントなどの改善を図っても、職場の構造が変わらない限り、その個人にはさらに多くの仕事が持ち込まれるようになってしまうので、残業が減ることはなく、むしろ仕事ができる人とできない人との格差が大きくなってしまう。

また、近年特に問題になってきているのが「上司層への集中」だ。調査対象者の月平均残業時間はメンバー層（非管理職、五〇〇〇人）が二〇・四五時間であるのに対して、上司層（一〇〇〇人）は三〇・〇二時間。ここ一、二年の変化を問う質問では、「部下に残業を頼みにくくなった」との回答が最多であったことから、残業施策のしわ寄せが上司への業務集中につながっている傾向が読み取れる。さらに、特に残業が集中しているのは「課長」職であるということも明らかになった。わたしは、現代を「課長クライシスの時代」と呼んでいる。かつて課長職は輝ける存在だった。課長をもう一度やりがいのある仕事へと再編していく経営的努力が必要だ。

ちなみに、残業が増える要因としてはもう一つ、「残業代を前提に家計を組み立てている」という個人要因も大きいのだが、これについてはまた別の議論になるので後述する。

2、残業は「感染」する

残業を生みやすい組織特性、風土についての調査で最も残業時間を増やしていた要因は「周りの人がまだ働いていると帰りにくい雰囲気」である。要するに、残業は職場で「感染」してしまう傾向があるということだ。この現象は、上司から強制されるというよりも、「上司より先に帰ってはいけない」といった暗黙のルールや、「先に帰ると非協力的だと思われるのでは」といった忖度により、職場内での「空気感染」が起こってしまっているようだ。

当然ながら感染しやすいのは、職場で弱い立場にある若い世代だ。「周りの人がまだ働いていると、帰りにくい雰囲気がある」という質問に「あてはまる」と答えた男性は、二十代では三二・五％と五十代の一七・三％の一・九倍。また、上司の残業時間が多ければ多いほど、部下の帰りにくさが増す、という傾向も出ている。

３、残業は「麻痺」する

調査を通して、暗澹たる気持ちになったのが、残業時間が月六〇時間以上という長時間残業層（三二三人）についての分析結果だった。どうやら、人は残業時間が長くなりすぎると、「残業麻痺」を起こしてしまうようなのだ。ここでいう残業麻痺とは「長時間労働の結果、自己認知に歪みが生じ、首尾一貫した行動や認識を保てなくなっている状態」と定義する。

残業時間別に「幸福度」と会社への「満足度」を調査すると、当然ながら残業時間が長くなればなるほど、幸福度も満足度も下がっていく。しかし、月六〇時間以上になると、なぜか幸福度（図表24）、満足度ともに高まるのだ。

長時間労働に没頭していても、本当に心身ともに健康で幸福であるなら問題ないのだが、長時間残業層は、残業をしない層にくらべ、「食欲がない」二・三倍、「強いストレスを感じる」一・六倍、「重篤な病気・疾患がある」一・九倍など、健康リスクも極めて高くなって

図表24　残業月60時間以上で「幸福度」が上昇

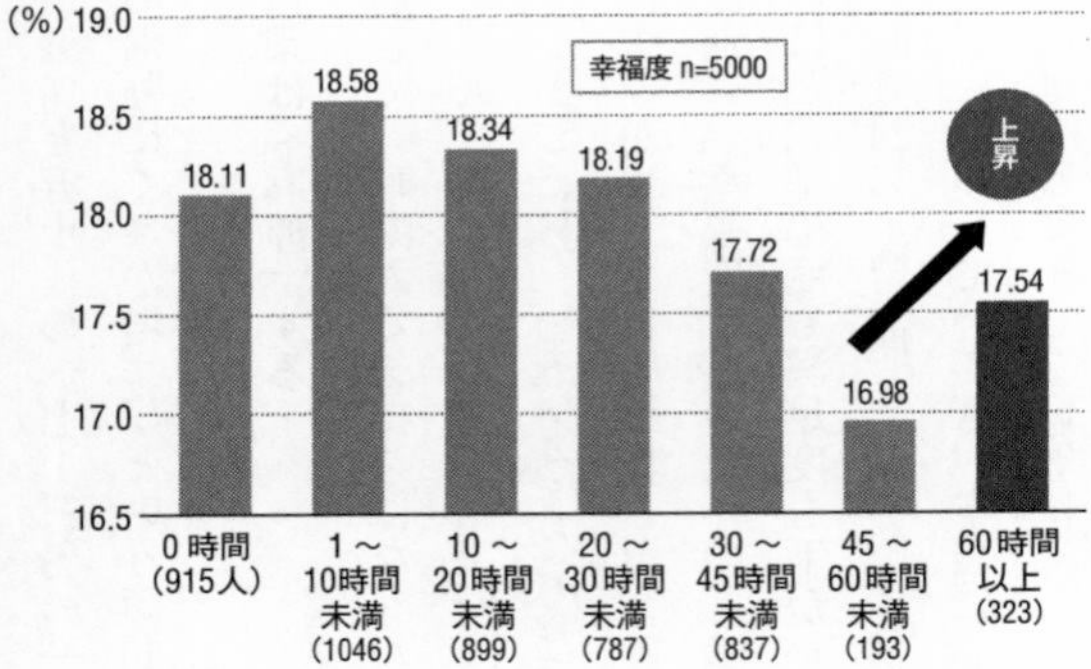

いる上に、「働くこと自体を辞めよう」と思う割合が急激に上がるなど、休職リスクも高まっている。長時間労働によって、心身ともに疲弊して休みを必要としているにもかかわらず、自ら喜んで仕事を続けてしまうというように、自己認知に論理的不整合を起こす危険性があるのが長時間残業による「麻痺」の怖さだ。過労により、うつ病などの精神疾患に罹った人に対して「そんなに辛かったのになぜ会社を辞められなかったのか」という意見が出されることがあるが、「残業麻痺」に陥っている場合は、認知の歪みにより視野も狭くなり、正常な判断ができなくなってしまうものなのかもしれない。

4、残業は「遺伝」する

「若い頃長時間残業をしていた経験がある上司」の部下は残業時間が長くなる傾向が見られた。興味深いのは、新卒入社した会社が「残業が当たり前の雰囲気だった」と答えた上司は、転職して会社が変わっても部下に残業を多くさせる傾向が強いということだ。

ヒアリングを重ねていると「残業ってなんですか？」と問い返されることがある。そもそも残業という概念や、定時と残業の境界の感覚がない人がいるのだ。新卒入社時から、終業時間になっても誰も帰ろうとしない職場にいれば、当然「残業」という概念を持つことができない。みなし労働時間制や裁量労働制、コアタイム制などを取り入れていて「ここから残業時間」といった明確な境界が存在しない職場、業界に多い印象だ。

調査を通して、残業に対する意識、習慣の形成には、新卒入社した会社での残業経験が大きく関わっていることが分かった。残業習慣は世代も組織をも超えて受け継がれていく。残業の「遺伝」を断ち切るためには、新卒入社時から時間と効率を意識する習慣を身に付けさせることが鍵となってくるだろう。

ちなみに、これらの「集中」「感染」「麻痺」「遺伝」という残業発生要因が、それぞれど

図表25　残業発生メカニズムの職種別特徴

集中　優秀さに基づく仕事の振り分け

順位	職種（詳細）	サンプル数	あてはまる計（%）
1	デザイナー、各種クリエイター	(48)	66.7
2	資材・購買	(69)	65.2
3	製造（組立・加工）	(401)	58.4
4	営業推進・営業企画	(43)	58.1
5	財務・会計・経理	(343)	57.1

感染　帰りにくい雰囲気

順位	職種（詳細）	サンプル数	あてはまる（%）
1	幼稚園教諭・保育士	(35)	34.3
2	商品開発・研究	(161)	33.5
3	建築・土木系　技術職	(114)	31.6
4	販売・サービス系（店舗・事業所）	(268)	30.2
5	福祉系専門職（介護福祉士・ヘルパーなど）	(197)	28.9

麻痺　月60時間以上残業率

順位	職種（詳細）	サンプル数	あてはまる（%）
1	ドライバー	(156)	24.4
2	建築・土木系　技術職	(114)	15.8
3	デザイナー、各種クリエイター	(48)	14.6
4	塾教員・講師・インストラクター	(39)	10.3
5	営業推進・営業企画	(43)	9.3

遺伝　若い頃長時間労働していた上司

順位	職種（詳細）	サンプル数	あてはまる（%）
1	デザイナー、各種クリエイター	(48)	33.3
2	営業推進・営業企画	(43)	32.6
3	商品開発・研究	(161)	24.8
4	建築・土木系　技術職	(114)	24.6
5	法務	(48)	23.5

の職種に多いかも調査で明らかになっている（図表25）。やはり特定の人に仕事が「集中」しやすいのは、デザイナーや各種クリエイターという、個人のスキルが重視される職種だった。一部の人に残業が「集中」するデザイナーや各種クリエイターでは、上司から部下への「遺伝」も起こりやすいというのも、納得できるところだ。帰りにくい雰囲気があって残業が「感染」しやすい職種の一位は人手不足が深刻な「幼稚園教諭・保育士」。残業時間のうちサビ残率が七〇％以上と最も高い職種であり、給与水準も低いとあっては、人が集まらないのは仕方がないことのように思われる。月六〇時間以上残業する人の割合が高く「麻痺」している人がいる可能性が高い職種は、やはりと言うべきか、ドライバーだ。

残業を適切に削減するには

今回、明らかになったのは、残業は組織的に起こっているということだ。つまり、残業は個人の努力だけでどうにかなるような問題ではなく、職場全体で取り組まなければ解決できない。残業には、組織開発や職場開発といった組織ぐるみの変革や改革が必要である。では、残業を削減しながらよりよい組織を目指していくためには、どのような対策が有効なのだろうか。「全社施策」「職場マネジメント」「個人の意識」の三つの観点からヒントを示したい。

1、全社施策

この一、二年、目新しい残業抑制施策の事例がメディアを賑わせているが、実際のところどの程度行われているのだろうか。なんらかの施策が導入されているのは回答者の所属企業の四七・三％と思ったほど多くない。従業員規模一万人以上の企業でも六五・九％であった。最も多かったのは「ノー残業デー」。以下、「残業時間の上限設定」「残業の原則禁止、事前承認」と続く。

こうした施策は従業員にどこまで受け入れられているのだろうか。調査では残業抑制施策が告知された時、三人に一人が「効果に疑問を持ち」、ほぼ四人に一人が「従わない方法を考える」という結果となった。中には「正面玄関が閉まっても、管理人室の出入り口から出られる」だとか「ネットワークケーブルを抜けばＰＣ強制シャットダウンから回避できる」などと、いかにして残業をするか、という抜け穴探しに情熱を傾ける人もいる。

とはいえ、こうした施策の効果が全くなかったというわけではなく、四七・八％の人は残業削減効果を感じているという結果が出ている。質的なメリットとして一番多かったのは「時間への意識が増した」ことだ。

しかしながら、デメリットもある。この一、二年の間、施策が行われていない企業の従業員（二七八五人）と、行われた企業の従業員（二二八三人）では、「自宅への仕事の持ち帰りが増えた」と答えた割合が前者の八・二％に対して後者は一四・二％と一・七倍、「休憩時間の仕事が多い」が前者二〇・五％に対して後者二九・〇％と一・四倍高い。施策導入のしわ寄せが見えない残業・サビ残につながっている実態を無視して、勤怠管理上の「残業時間削減」のみで施策効果を見ていては本質を見失ってしまう可能性がある。また、一方的な施策導入が、会社は職場の状況を理解してくれていないと感じたなど、「会社への不信感」を高めてしまうことも分かった。

では、施策の効果への実感があった企業となかった企業との違いはどこにあったのだろうか。ポイントは「施策へのコミットメント」、つまり「自ら進んでやっている」のか、「やらされ感いっぱいで渋々やっている」のかの違いにあった。当然ながら個人のコミットメントが高いほど、高い効果を実感しているわけだが、もう一つ重要なのが、組織、職場全体のコミットメントである。「会社、職場が本気で取り組んでいこうとしている」と感じている割合が高いほど、施策効果の実感も高かったのだ。

そして、職場コミットメントを高めていたのが、従業員への「告知チャネルの多さ」だ。

メールやイントラネットだけでなく、ポスターや掲示板、説明会、役員からの訓示など、あの手この手で施策についての本気度を伝えることが成功の鍵となる。

また、施策は定着して効果が感じられるまでに時間がかかるということも分かった。調査によると、導入後最初の一ヵ月で効果実感は薄れてしまう。導入直後は残業を減らそうと意識するものの、日が経つにつれ、慣れたやり方に戻ってしまうのだろう。しかしその後、継続していると、二〜三ヵ月以降は効果の実感が高まっていき、一年ほどで習慣が定着する傾向にある。定着には、まず「一ヵ月目の壁」があることを覚悟して、告知を繰り返し継続的に行い、粘り強く実施していくことが重要だ。

2、職場マネジメント

残業には、職場マネジメントの問題も大きく関わっている。企業として理想的なのは、「残業が少ない」だけでなく「パフォーマンスの高い」職場、つまり生産性の高い職場だ。そこで調査では、上司のマネジメント行動と残業時間、パフォーマンスとの関係を明らかにした。

まず、「残業が多く」、「パフォーマンスが低い」職場を生み出すマネジメント行動は、①

現場や職場の状況よりも経営層や上層部からの指示を優先する、②部下の仕事の進捗を把握していない、③指示や判断の基準がよく変わる、といったもの。上から降ってきた仕事を、現場の状況を見もせずにそのままただ伝えるだけといった、もはやマネジメントを放棄しているような「絶望」的状況が浮かび上がる。

一方、「残業が少なく」、「パフォーマンスの高い」職場を生み出す「希望」のマネジメント行動は、①指示や判断を早く行う、②業務上の指示を明確に行う、③指示や判断の基準がブレない、といったもの。これらをまとめると「ジャッジ（迅速で明確な判断）」「グリップ（組織状況、現場の進捗状況の把握）」「チーム・アップ（オープンな風土、ディスカッション）」となる。

残業の問題はマネジメントの問題と言っても過言ではない。しかしながら、自らも残業に追われ、苦しい立場にいるプレイングマネジャーだけに責任を押し付けるのは酷だ。会社にはマネジャーたちがよりよいマネジメントができるよう、支援する体制を整えていくことが求められる。

3、個人の意識

残業は組織的に起こっている問題であり、個人の努力で改善できることは少ない、というのが、今回の調査で分かってきたことである。しかしながら、個人の特性について見過ごせない問題が一つだけある。それは、残業代の問題だ。調査の中で、意識や行動など七〇項目の個人特性のうち、圧倒的に残業時間への影響度が大きかったのが、「残業代を前提に家計を組み立てている」というものだったのだ。

実際に「残業代を前提に家計を組み立てている」と答えた人は全体（四七七六人）の四〇・五%。残業時間四五時間以上の従業員の場合は四九・四%にも上る。「基本給では生活に足りない」と答えた人も六〇・八%となっている。

個人に残業を減らしてもらうためには、それまで支払っていた残業代を別の形で給与に反映するような賃金体系、報酬制度に変更する必要がある。ITサービス大手のSCSKでは、残業時間を削減できたら、その分の残業手当を賞与として還元する、という試みを行ったところ、全体の残業時間を大幅に短縮できただけでなく、連続増収増益を達成するなど、直接的な成果につながったと聞く。SCSKにつづき、昨今、残業抑制に成功している企業のいくつかは、浮いた残業手当を、成果を残した人に配分している。

残業は、かけ声だけでは減らない。残業代の問題、賃金の問題に手をつけざるを得ないのではないか。「残業代」というプラスアルファの収入が得られなくなり、個人所得が減少すれば、政府が目指しているような消費活性化による景気の上昇はなかなか見込めないだろう。

以上、調査の結果をかいつまんでお伝えしてきたが、こうした地道なデータをもとに、地に足の着いた改革をすすめるべきだと思う。本稿がその一助となれば幸いだ。


〈「中央公論」２０１８年3月号　構成◉井上佐保子〉

第8章　〈40代管理職覆面座談会〉
「残業を減らせ、成果は上げろ」というジレンマ

出席者▼

教育産業（女性）
メーカー（男性）
IT企業（女性）
流通業（男性）

昔は五時以降が楽しかった

中原　今日は残業時間削減の実態を教えてもらうべく、管理職の皆さんにお集まりいただきました。まずは、それぞれの会社における働き方改革の現状について、ご説明ください。

教育　うちの会社はわりと早くから取り組みを進めていて、一九九〇年代の半ばに完全フレックスタイム制が導入され、二〇〇〇年代から在宅勤務もできるようになりました。ワーキングマザーが社員の三割を占めるので、働き方改革の施策はひと通りやった感もあります。ただ、それで本当にみんなが幸せなワーク・ライフ・バランスを実現しているかというと、そうでもないと思いますが。

メーカー　当社は男性が九割を占め、かなり体育会系の会社です。一昨年は、社員の総労働時間の平均が二一〇〇時間を超えており、危機感を抱いたトップの判断で残業抑制のトライアルを始めたところです。どちらかというとブラックに近かった会社が、精一杯、グレーからホワイトになろうとあがいているところです。

ＩＴ　私の会社は、九〇年代に立ち上がったベンチャーです。女性は四割ぐらいいて、子持ちの女性管理職も珍しくありません。ここ数年は「生産性の向上」を強く打ち出して時間管理が厳しくなり、業界ではスーパーホワイトと言われたりもしますが、「もっとゆったりと働きたい」と感じている社員もいますね。

流通　うちはメーカーと小売店の間に挟まれる労働集約型の会社なので、夜になっても取引先から在庫の問い合わせが入ったりして、かなり残業が多い会社でした。二〇〇〇年前後から抑制され始めていますが、会社として残業を減らすのは限界にさしかかっているのかなと思っています。男女比は八対二ぐらいです。

中原　皆さんが駆け出しの頃はどんな働き方がふつうでしたか。就労時間という考え方自体、あまりなかったのではありませんか。

教育　十数年前ぐらいまではありませんでしたね。月に八〇時間残業していても、残業しているという意識はなかった。

流通　二〇年くらい前は、オフィスは〝不夜城〟のようでした。夜の十時頃になると、仕事を終えた順に近くの居酒屋に集まって終電まで飲んで、「また後で」と言って別れていましたね。会社に戻って、そのまま泊まる人もいました。椅子をずらっと並べて、その上に寝転がって。

メーカー　私は転職しているのですが、最初に入った会社では、夕方五時、六時ぐらいからが楽しかったのをおぼえています。お菓子をつまみながら先輩たちとダべって、そこで仕事のヒントを得たり、成長を実感できたりしました。

教育　確かに、五時を過ぎると、コーヒーを買ってきて、休憩を挟んで、そこからが「自分の仕事ができる時間」という感じでしたよね。

中原　じゃあ、五時からが本番だったんですね。

IT　私も転職していて、最初は銀行だったんですけど、朝がとても早くて、八時でも、始業前なのに「まずい！」と感じてしまうような職場でした。上司は七時半には来ていたと思います。先輩から「朝残業って、お金はもらえないんだよね」と言われて、「これって残業なんだ」と初めて知りましたけど、なんだか部活の朝練みたいな感じで、とにかく行かなきやって思っていました。

メーカー　たぶんあの頃は、時間で働いている感覚ではなかったんでしょうね。今の会社に転職したとき、最初に「残業代って、請求していいんですか」って聞いたほどです。

残業する人、しない人の二極化

中原　残業抑制に関して、どのような取り組みがなされていますか。

都内某所に、「ノー残業」で集合

教育　残業時間の目標数値を部門ごとに決めて、月次でウォッチして報告を上げるという取り組みを全社でやったり、部門単位で残業しない日を決めたりしています。

流通　午後八時になると、一斉消灯ですね。残業がある部署は、事業部長のハンコを押した書類を人事に提出して、照明をつけてもらいます。また長時間労働者に関しては、毎月の会議で社長と事業部長が話し合って対策を立てています。昔は役員自ら各フロアを回ってチェックした時期もありました。

ＩＴ　うちも以前、ノー残業デーをやっていたんですが、

「べつにその日に帰りたいわけじゃない」という声が上がる一方で、「あらかじめ早く帰る日を決めてくれないと、外部からの問い合わせが入って困る」といった声もあって、長く続きませんでした。今は、社員一人ひとりがタイムシートに、どんな仕事にどれだけ時間を費やしたか入力し、管理職がそれを集計して部門単位で毎月レポートを提出。結果いかんで是正を求められています。

メーカー　大変じゃないですか。

IT　実施が決まったときは、みんな不満そうでしたけれど、毎月やっていると、慣れてきますよ。それに、監督する部署が徹底的に追いかけてきますし（笑）。

メーカー　うちもノー残業デーをやったり、あと、夜遅くになると、館内放送で社員に帰宅を促したりしていたんですよ。それでもなかなか変わらなかったんですが、この半年間、各部門が残業時間の目標数値を決めて、達成した部門の人にはボーナスをアップするという施策を導入したら、前年比五〇％減の部門が出てきた。

中原　今までどういう働き方をしていたんだっていう話になりませんか。

メーカー　目標に達しなければボーナスは上がらず、残業代も減るから、半泣きの部門もあります。

中原　残業が多いのは、やっぱり特定の部署なんですか。

流通　顧客の要望に応えなくてはいけない営業や、四半期ごとに決算の仕事に追われる経理は残業が多いですね。ああいう部署は自分たちだけで働き方を変えるのは難しいので。

教育　商品開発もスケジュールをコントロールしづらいみたいです。

IT　うちは経営企画がそうです。役員にいろいろな数字を報告しなくてはならないので。

中原　個々の人で見た場合はどうですか。能力の高い「できる人」が仕事を抱え込まされませんか。

教育　できる人や時間の制約が少ない人に仕事が振られやすいのは確かですね。そうやって長時間働く何人かが、子育てなどの理由でまったく残業しない人の分を担うというふうに二極化が進んでいます。

流通　だけど、僕が見るに、本当にできる人はさっさと仕事を片づけて、飲みに行っちゃいますよ。

中原　じゃ、中途半端にできる人が抱え込む？

流通　中途半端にできる人になりたい人が抱えちゃう（笑）。

メーカー　あとは、こだわりの強い職人気質の人。取引先や会社のために専門性を活かそうとするあまり、つい残業が多くなる。また、そういう人は周囲から感謝されるし、上司も「帰れ」とは言いづらい。

育休社員を前提とした組織運営

中原　今、現場のマネジャーたちは、心底、残業を減らしたいと思っているものなのですか。

流通　思っていますね。四十歳ぐらいを境に意識に乖離があって、「なぜ残業しなくてはいけないのですか」と言う若手が増えている。そういう人たちに「俺たちの頃は夜中まで働いたよ」と言っても通用しない。

教育　マネジャー自身、モーレツに引っ張るだけでは部下はついてこないとわかっていますしね。

流通　ただ、そうはいっても、部下がやっている仕事を見極めて、「これはやらなくていい」とジャッジできるマネジャーがどれぐらいいるか。

メーカー　「本当にこの仕事を捨ててもいいんですか」と言う部下に対しては、「俺が責任を取る」と言わなくてはいけないんでしょうけど、そこまで腹をくくっているマネジャーも少なかったりして。

中原　若手の意識って、具体的にどう変化してきているんですか。

ＩＴ　うちは育休を取った男性が何人もいるし、子どもが熱を出したときに休む男性もいます。保育園から電話があって、「妻は無理なので、僕が」と言って帰ったりとか。

教育　うちも家事分担している男性は多くて、「何曜日は早く帰らないといけない」ってふつうに言っています。子育てや家事に参加したいと思っている男性が多い気がする。

流通　参加しないと、子育てや家事が回らないんじゃないですか。急に子どもを保育園に送らなくてはいけなくなったときとか、子どもが熱を出したときなんかに、午前半休を取る男性もいますから。

ＩＴ　産休や育休を取るとき、「申し訳ない」と感じる女性社員は少なくなったでしょうね。私たちの時代は、「迷惑をおかけしてすみません」と言わなくてはいけない雰囲気がありました。でも今はそんなことはないし、育休が法律で二年間取れることになって、第二子、第三子を産む場合は六年間連続で休むことだってできるので、そういう人がチームにいるという前提で組織を回していかなきゃいけない。

流通　メンバーが育休を取得している間は労働力が減るから、現場は疲弊しますけど、すでに子育てを経験した若い管理職も多くなっているので、「辞めないで、戻ってきてね」と言っている。

メーカー　うちは体育会系だからこそ、育休を取る女性がいても、上司が「まあ、そうだよね」と受け入れている面がありますが、女性が「すみません」と言わなくてはいけない雰囲気はまだありますね。

副業は副収入が目的ではない

中原　実は日本のビジネスパーソンの長時間労働って、非正規で働く人を勘案して集計すると、ここ二〇～三〇年、高止まりしたままだという知見があります。八〇年代後半から週休二日制が導入されても、その分、平日が延びている。これまでにも残業抑制は、取り組まれていたわけですから、長時間労働問題の解決は非常に難しいことがうかがわれますね。

教育　マネジャーには、残業を減らしてコスト減につなげる責任もあるんですが、残業を抑制すると、外注費が急に増えたりもするんですよ。社員が仕事を外部に出すので。

メーカー　経営側は「生産性を上げろ」「量じゃなくてクオリティだ」と言いますけど、その方法やヒントは示そうとしない。そうすると、社員はモヤモヤしますよ。

IT　一方で、今でも「六時には退社しづらい」と言う社員も中にはいます。暇そうに見られてしまうし。

流通　「お先に失礼します」っていうのも変な言葉ですよね。早く帰るのは、いいことなのに。

教育　労働時間のことだけ考えても、働き方は変えられないんじゃないでしょうか。若手を含めて多くの人は、「時間管理ではない世界」を求めているんじゃないかと思うんです。

中原　どういう意味ですか。

教育　もっと裁量を与えられた働き方がしたいという気持ちの方が強くて、八時間労働を七時間にしてほしいというよりも、自分がコントロールできる八時間が欲しいんじゃないでしょうか。今は、会社が社員の時間を管理していますけど、社員に裁量を与えて、結果を管理できるようにした方が、本当の意味での働き方改革になるし、社員も幸せなんじゃないかと思います。

中原　なるほど。では、残業を減らしたその先の話になりますが、副業についてはどう思いますか。

教育　働く人生が長くなり、ビジネスサイクルと合わなくなってきていますから、一つの仕事を続けているだけでは生きていけないと感じる人は増えていると思います。

ＩＴ　実際に副業をしている人に話を聞くと、「世界の見え方やお金の使い方が変わった」

と言うんですね。とても自由な感じがするし、「やらされ感」がないことが伝わってきて、幸せそうに見えました。

流通　副業を持ちたいというのは、副収入を得たいということではないんでしょうね。従来のように社内の出世階段を駆け上がって年収を上げるのとは違う働き方をしたいということだと思うんです。働き方改革だと言いつつ、そこが理解できていない経営者や管理職が少なからずいる。

メーカー　確かに、終身雇用の意識がいまだに強いような企業では、「副業なんてけしからん。金が欲しいなら、会社の中で結果を出してボーナスをもらえ」と言われるでしょうね。当社もそんな感じだから、副業の話題はあまり出てこないんですが。

中原　今日は、企業が進めている働き方改革の実態や、渦中にいる管理職の本音やジレンマが分かりました。現状では、残業を減らした先にどんないいことがあるのか、組織マネジメントはどう変わっていくのか、といった課題があるようですね。ありがとうございました。

〈「中央公論」2018年3月号　構成◉秋山基〉

あとがき

新任マネジャー、駆け出しマネジャーが、マネジャーになった時に、どのような挑戦課題に直面し、どのように対処しうるのか。

本書では、この問いに答えるために、さまざまな定量的・定性的データを駆使しながら、お話をしてきました。本書を書き上げた今、あらためて振り返ってみますと、マネジャーが何たるかをすでにわかっている人や、マネジメントをすでに経験したことのある人から見れば、「至極凡庸に感じられること」を書いてしまったな、と思います。しかし、一方で、現在、奮闘している新任マネジャーや駆け出しマネジャーが「至極凡庸に感じられること」を本当に伝えられているのか、理解している時間があるか、というと、それもまた、いささか心許ない気もします。本書にもし社会的意義があるのだとしたら、知るべきことを知るべき人に、体系的かつ論理だててお届けすることであったのかなと思います。

マネジャーの辞令をもらって、組織の狭間の中で、さまざまなものに揉まれ、日々奮闘している彼／彼女らの時間と精神的余裕には限りがあります。このたびインタビューに答えてくれたマネジャーの一人が思わず口にしたひと言が、今なお、僕の心に残っています。

（一般に）マネジャーになることは、あとは飛び込んで泳げと言われているような感じ。

本書で、僕は「実務担当者からマネジャーになるプロセス」にまつわるさまざまな知見やデータを整理し「マネジャーの方々にお届けすること」に徹しました。もし、彼／彼女らが「泳ぐ」間にちょっとだけ暇を見出し、ほんのつかの間、本書を手に取り、自分の職場・部下・立場などを振り返り、次のアクションを決めるときに役立ててもらえたとしたら、筆者として、望外の幸せです。

マネジャーになって直面する挑戦課題は、決して「ひとりの課題」ではなく、「みんなの課題」です。時に悩んだり、つまずいたりすることもあるのは、決して、あなただけではありません。そのような課題に直面したとしても、うろたえず、現状を振り返り、原理・原則に配慮しつつ、次のアクションを決めていく。そのことから逃げないでいれば、きっと事態はポジティブな方向に向かうのではないかと僕は信じています。

また、5章で論じたように、人事部・経営者の方々が本書を手に取り、自社のマネジャー育成のあり方、自社の人材開発施策の改善に役立てていただけたとしたら、これもまた嬉しいことです。2章で再三にわたって指摘しましたように、現在、マネジャーの育成をめぐる環境は、だんだん激化しています。彼／彼女らを昇進させ、経営のフロントラインに立たせるのであれば、それに適切な支援が提供されるべきだと僕は思います。人事の観点ならば、マネジャー育成をきっかけに人材開発のあり方そのものを見直すこと、また経営者の観点ならば、「自らが学ぶ存在になること」こそが、最も重要なことではないか、と思います。

▼

最後になりますが、本書は長期にわたる構想・執筆期間をへて今、ゴールを迎えることができました。編集・構成等で伴走いただいた秋山基さん、中公新書ラクレの黒田剛史さんに、まずは心より感謝いたします。本当にありがとうございました。また、マネジメントに関する調査・研究開発でご一緒した公益財団法人・日本生産性本部のみなさま、野沢清さん、木下耕二さん、矢吹恒夫さん、大西孝治さん、塚田涼子さん、中村美紀さん、桶川啓二さん、古田憲充さんにも心より感謝いたします。また、こちらでお名前を掲載させていただくことはできないものの、インタビューをご快諾いただいた各社の現場マネジャーの方々にも、貴重な時間をたまわり、心より感謝いたします。そして、最後に妻・美和にも感謝いたします。この本の執筆の間、美和は、僕にたくさんの時間と励ましをくれました。皆さま、本当にありがとうございました。

思い起こせば、2013年元旦。今から1年以上前、新年の計を決めるにあたり、僕は、これから自分は「アクチュアリティのある研究」がしたい、とブログで表明しました。「アクチュアル」の名詞「アクチュアリティ」はラテン語の「Actio（アクチオー）」に起源をもつ言葉で、「現在進行している現実」を意味します。これをふまえて考えますと、先に自身が目標に掲げた「アクチュアリティのある研究」とは「今まさに、多くの方々が格闘している問題」と取り組む研究ということであり、また、「誰もが今悩んでいるみんなの課題」を、アカデミックな切り口で、なるべくわかりやすく、平易に、分析し、語ることに他なりません。「人生の正午」と形容される40代を目前にひかえ、「地に足のついた研究」がしたいと、最近切に願うようになってきました。本書が、この一年の計の達成に寄与できたかどうかは読者の判断にお任せしますが、今は、走りきった気分で一杯です。

この国に、希望を抱きつづけるマネジャーがこれまで以上に生まれることを願います。

我らが時代！

２０１４年４月16日、本郷、夜明け前の研究室にて

中原　淳

本書は2014年5月に刊行した
中公新書ラクレ『駆け出しマネジャーの成長論』に、
7章、8章を追加し、増補版として刊行しました。

ラクレとは…la clef=フランス語で「鍵」の意味です。
情報が氾濫するいま、時代を読み解き指針を示す
「知識の鍵」を提供します。

中公新書ラクレ
722

増補版

駆《か》け出《だ》しマネジャーの成《せい》長《ちょう》論《ろん》

7つの挑戦《ちょうせん》課題《かだい》を「科学《かがく》」する

2021年3月10日初版
2024年2月25日3版

著者……中原《なかはら》 淳《じゅん》

発行者……安部順一
発行所……中央公論新社
〒100-8152 東京都千代田区大手町1-7-1
電話……販売 03-5299-1730　編集 03-5299-1870
URL https://www.chuko.co.jp/

本文印刷……三晃印刷
カバー印刷……大熊整美堂
製本……小泉製本

Published by CHUOKORON-SHINSHA, INC.
Printed in Japan ISBN978-4-12-150722-8 C1234

中公新書ラクレ　好評既刊

L465
若者と労働
――「入社」の仕組みから解きほぐす

濱口桂一郎 著

新卒一括採用方式、人間力だのみの就活、ブラック企業、限定正社員、非正規雇用……様々な議論の中でもみくちゃになる若者の労働問題。日本型雇用システムの特殊性とは？　そして、現在発生している軋みの根本原因はどこにあるのか？　日本型雇用の状況だけでなく、欧米の成功例・失敗例を織り交ぜて検証する。労働政策に造詣の深い論客が雇用の「入口」に焦点を当てた決定版。感情論を捨て、ここから議論を始めよう。

L692
公安調査庁
――情報コミュニティーの新たな地殻変動

手嶋龍一＋佐藤　優 著

公安調査庁は謎に包まれた組織だ。日頃、どんな活動をしているのか、一般にはほとんど知られていない。それもそのはず。彼らの一級のインテリジェンスによって得られた情報は、官邸をはじめ他省庁に提供され活用されるからだ。つまり公安調査庁自身が表に出ることはない。日本最弱にして最小のインテリジェンス組織の真実を、インテリジェンスの巨人２人が炙り出した。本邦初の驚きの真実も明かされる。公安調査庁から目を離すな！

L693
ゴールドマン・サックス流 女性社員の育て方、教えます
――励まし方、評価方法、伝え方　10ケ条

キャシー松井 著

「どうも女性社員は使いにくい」と思っているニッポンの皆様。女性社員の活用には、ちょっとしたコツがあるのです。本書は、「優秀な女性を育て、会社に愛着を持ってもらい、かつパフォーマンスを上げてもらうために何をすればいいのか」と人知れず悩む日本全国の管理職や人事担当者のために書きました。女性社員の支援をめぐりゴールドマン・サックスが行ってきた取り組みを紹介します。御社の組織力向上の一助になれば幸いです。